オーナー士業®になって、たちまち年商1億円を突破する方法

How to break through annual sales of 100 million yen quickly as "OWNER-SHIGYO"

あべき光司
EMP 税理士法人 代表　税理士
プロフェッショナルコーチ

すばる舎

はじめに　～なぜ今、士業のオーナー化が注目を浴びているのか～

この本を手に取ったあなたには、次のような〝お困りごと〟はありませんか？

・「せっかく資格を取って独立したが、なかなか売上が上がらない」
・「人を雇ったのはいいけれど、期待どおりに働いてくれない」
・「従業員が辞めて、新しい従業員を雇おうにも、なかなかいい人が来ない」
・「忙しすぎて、新しい仕事の相談が来ると、少し憂うつになる」
・「独立をしようと士業事務所に勤務し資格は取ったけれど、今の所長を見ていると忙しそうで、このまま社員として働いていたほうがラクじゃないかと不安になる」

本書はこういった問題を解決し、あなたや、あなたの事務所の従業員が、理念だけでなく、経済的にも納得のいく成果を上げてもらうための本です。

私は、2016年に税理士として独立し、現在8年めの税理士です。諸先輩方にくらべてキャリアはまだまだですが、すでに200社以上のクライアントの経営のお手伝いをしてきました。現在の従業員数は15人。税理士事務所としては、そこそこの規模の事務所だと思います。

自分で言うのも変かもしれませんが、こうした伸び盛り、新進気鋭の税理士法人であることに加えて、わがEMP税理士法人にはそれ以上の特色があります。

それは、「離職率0%」であることです。

体調不良で退職した1人を除いて、開業以来1人も辞めていないのです。

税理士業界は離職率が高く、1~2年で辞めてしまう人が多いといわれていますが、私の事務所は順調に成長しています。

税理士事務所としては、大阪だけでなく名古屋にも支店を設置し、会計事務所に加えて、コンサルティング事務所、障がい者の就労支援事業所、飲食業など、いくつもの企業を束《たば》ねるグループ企業にまで成長しました。

会計事務所をM&Aにより買収し、事業拡大に弾《はず》みをつけ、従業員はグループ全体で100人、年商3億円を超えています。

かといって、私がものすごく忙しいかというと、必ずしもそうではありません。従業員にうまく権限を委譲しながら、自分はどんどん新しいことにチャレンジしています。

2021年には、東京から芦屋（兵庫県）まで582キロのマラソンに挑戦。約16日かけて完走しました。そして、みなさんがご覧になっているように、こうやって人生初の出版を実現することもできました。

こうした〝本業プラスα〟の活動展開をする士業を中核とした多角的な経営を、私は「オーナー士業®」と命名しました。そして、これまで8年間で得たノウハウをセミナーで多くの方にお伝えする活動を開始し、すでにそのノウハウを実践された結果、多くの方がオーナー士業化に成功しています。

というわけで、この本を読んでいただくことで次のような効果が期待できます。

- どうやってチームでビジネスを行うか、そのコツがわかる
- 従業員にスムーズに権限を委譲する手順がわかる
- セールスへの苦手意識がなくなり、挑戦する弾みがつく
- 成約率を高めるためのセールスの方法がわかる

・セミナーで契約を獲得する方法がわかる

まずは1章を読んでいただき、その後は、あなたの置かれている状況に応じて、

・独立前の方、あるいは独立して年商1000万円までの方は3章から
・年商2000万円をめざす方は4章から
・年商3000万円をめざす方は5章から

読みすすめてください。また、すでに従業員を何人もかかえて活躍されている方は6章以降を読んでいただくことで、ご自身の課題がわかり、次になにをなすべきかが見えてきます。

本書のメソッドを実践することで、収入と時間の両立をはかっていただき、最高のコンサルタントを実現してください！

『オーナー士業®になって、たちまち年商1億円を突破する方法』もくじ

2章 オーナー型コンサルタントになって、仲間とよい影響を与え続ける仕組みを構築する

3章 コーチングを活用してオリジナル商品をつくり、「年商1000万円」をめざす仕組みを構築する

4章 売り込まない顧客獲得法を身につけて、「安定して年商2000万円」を実現する

5章

セミナーを軸にマーケティングを活用して「年商3000万円」をめざす

6章 チームをつくって仕事をまかせ、「年商1億円」のベースをつくる

7章 だれも辞めない会社をつくり、年商1億円を達成する

8章 同業のM&Aを活用して年商1億円超え！

1章

士業・コンサルタントは3つのタイプに分けられる

この章のはじめに

士業やコンサルタントとして仕事をしていくときに最初に知っておいてほしいのは、士業やコンサルタントには、大きく分けて3つのタイプがあることです。

じつは、この違いを意識してコンサルティングを行っている人はとても少ないのが現実です。この3つのタイプの違いを意識することで、今後の収入が大きく変わってきます。

もしあなたが、士業やコンサルタントとして収入を大きく増やしていきたいと思うのであれば、ぜひその違いを意識しておいてください。

士業・コンサルタントは以下の3つのタイプに分かれます。

①**シーズ型**コンサルタント
②**ニーズ型**コンサルタント
③**オーナー型**コンサルタント

それぞれの意味するところを以下解説していきます。

1 シーズ型コンサルタントは、自分の得意分野でコンサルティングを行う専門家

シーズ型のコンサルタントとは、自分が専門とする分野で顧客に貢献する士業・コンサルタントで、具体的には、海外進出のためのコンサルティングや人事制度導入のためのコンサルティング、マーケティングのコンサルティングなどをするコンサルタントです。税理士の定型業務である記帳代行や決算書の作成、確定申告、相続といった業務、社労士の行う給与計算や就業規則の作成、司法書士の行う登記・供託の手続き業務などもこのなかに含まれます。

シーズ型の士業やコンサルタントの場合は、クライアントから見て、**なにをやってくれる人かがわかりやすい**という特徴があります。**資格や知識があればだれでもはじめられるので開業しやすい**というメリットがあるいっぽうで、デメリットもいくつかあります。

デメリット① 契約期間が短い

デメリットの1つめは、契約期間が短いことです。人事制度やシステムの導入や、相続

業務などは、その特定のプロジェクトが終われば、そこで契約も終了します。士業の定型業務など、一部の業務を除いては、契約期間が数年続くことは想定しにくく、3か月や半年で契約が終了することがほとんどです。そのため、つねに新規のクライアントを探さないといけません。

デメリット② 競合が多い

税理士が行う記帳代行や決算業務、社労士が行う給与計算、司法書士が行う法人の設立手続き、あるいはマーケティングのコンサルティングなどは、参入しやすいため競合が多くなりがちです。具体的に数をあげれば、国際標準化機構《International Organization for Standardization》の略称で国際的な基準であるＩＳＯを取得しているコンサルタントは日本に３０００人ほどいるといわれています。

デメリット③ 報酬が比較的低い

競合が多い業務やプロジェクトは価格競争が激しく、報酬も低くなりがちです。とくに士業の独占業務は、以前であれば報酬が国によって定められていて、報酬も高かったので、資格を取れば一生安泰だと思われていました。しかし、平成13年以降ほとんどの士業で報酬の制限が撤廃され、自由競争が行われた結果、士業の独占業務の報酬はどんどん下がっているのが現状です。

もっと極端な例もあります。たとえば、司法書士の独占業務である会社の設立登記申請の手続き代行は、登録免許税などの実費を除いて10万円ほどかかります。しかし、最近は、法人・個人事業主向けの無料の事務管理クラウドサービスのなかにも、会社設立の書類を無料で作成できるものがあり、それらのサービスを利用すると実費だけで設立登記申請の手続きができます。費用を抑えたい人は、司法書士には依頼せずに多少手間はかかっても無料サービスを使うので、司法書士への依頼件数は減っていきます。

デメリット④ 顧客を紹介に頼り、価格を低く抑えられがちになる

税理士をはじめ士業をめざす人たちは、営業が苦手な人が多いように思います。税理士など国家資格には独占業務があるので、苦手なセールスをしなくても顧客が見つかるだろう、と思って資格を取る人もいるのではないでしょうか。そのためか、税理士になってからも、顧客の獲得を紹介だけに頼っている人が多く、税理士の実態調査でも、自分でセールスをしている税理士は、全体のわずか3%にすぎません。

紹介は、成約率が高く、たいへん強力な営業手法ですが、そればかりに頼ると売上が伸びません。なぜなら紹介でクライアントになってくれる人は、**あなたのことを信頼して仕事を依頼したのではない**からです。「あの人の紹介する先生なら信頼できるだろう」と紹介者への信頼があるからクライアントになってくれただけなのです。

私がいる関西では、クライアントを紹介してくれた後、必ず最後に紹介者に「先生、安くしたってや」と言われます。こちらも「わかりました。せっかくのご縁ですから」と、**よくわからない理由で結局値引きをする**ことになります。また、紹介されたクライアントが自分と価値観が合わないと思っても、紹介者の顔をつぶすわけにはいかないので、無下《むげ》にことわることもできません。

これに対して、自分でセールスができるようになると、紹介に頼らなくても、正規の（本来の）値段で自分の価値観に合ったクライアントができるようになります。

デメリット⑤ 会社が大きくなれば、管理に時間が取られる

従業員が数名から数十名規模の比較的大きい士業の事務所では、所長のマネジメント力がボトルネックになりがちです。

税理士事務所を例に取ってみると、記帳代行や決算書の作成等の仕事は、だれがやっても同じものができあがるはずです。パートでも、未経験者でもだれでもまかせられるレベルのマニュアルやチェックリストができていれば、たいていの仕事はだれにでも同じようにできるので、顧客が増えても従業員を増やせば、業務量そのものがボトルネックになることはないはずです。

しかし、実際はそうはいきません。クライアントが増えてくると、記帳代行や決算書の作成は資料の作成をするだけでなく、クライアントごとに「申告期限は今月だけど、どうなってるか?」とか、「資料はそろっているのか?」などのチェックをしながら会社全体での進捗《しんちょく》管理をする人が必要になります。そのために従業員を増やし、またクライアントも増えてくると、所長のおもな仕事は全体の進捗管理とチェックということになります。

従業員がまだ2〜3人であれば、管理もそれほど大ごとではありません。しかし、従業員が1人増えるだけでも全体の管理コストが加速度的に増えていきます。マニュアルやチェックリストがそろっていない場合は、担当者が経験の浅い従業員かベテランの従業員かによっても仕事の品質に差が生じ、クレームにつながったりもします。所長は従業員のマネジメントだけでなく、クレーム対応などイレギュラーな処理をしないといけなくなるので、従業員が増えるほど、どんどん忙しくなります。

一般に1人でマネジメントができるのは7人が限界ともいわれており、所長のマネジメント力の限界を超えては顧客を増やすことができません。

2 士業の状況は年々厳しくなっている

シーズ型コンサルティングの代表的な業務ともいえる、士業の独占業務の競争は、年々激しくなり、士業の置かれた環境もますます厳しくなってきています。ここでは士業の代表として、税理士が今おかれた状況を読み解いてみましょう。

図表1-1は、日本税理士会連合会によって2004年と2014年に行われた税理士の実態調査のなかにある税理士の所得調査の結果です。この図を見ると、2004年では4割、2014年には5割の税理士が、所得が500万円以下であり、多くの税理士が今ひじょうに厳しい状態にいることがわかります。

昨今は人工知能（AI）による業務自動化が進展し、さらなる情報技術（IT）の高度化の波が避けられないという状況下で、「税理士という職業はすでに、もうからなくなっ

図表1-1　税理士の所得から読み解く士業の現状

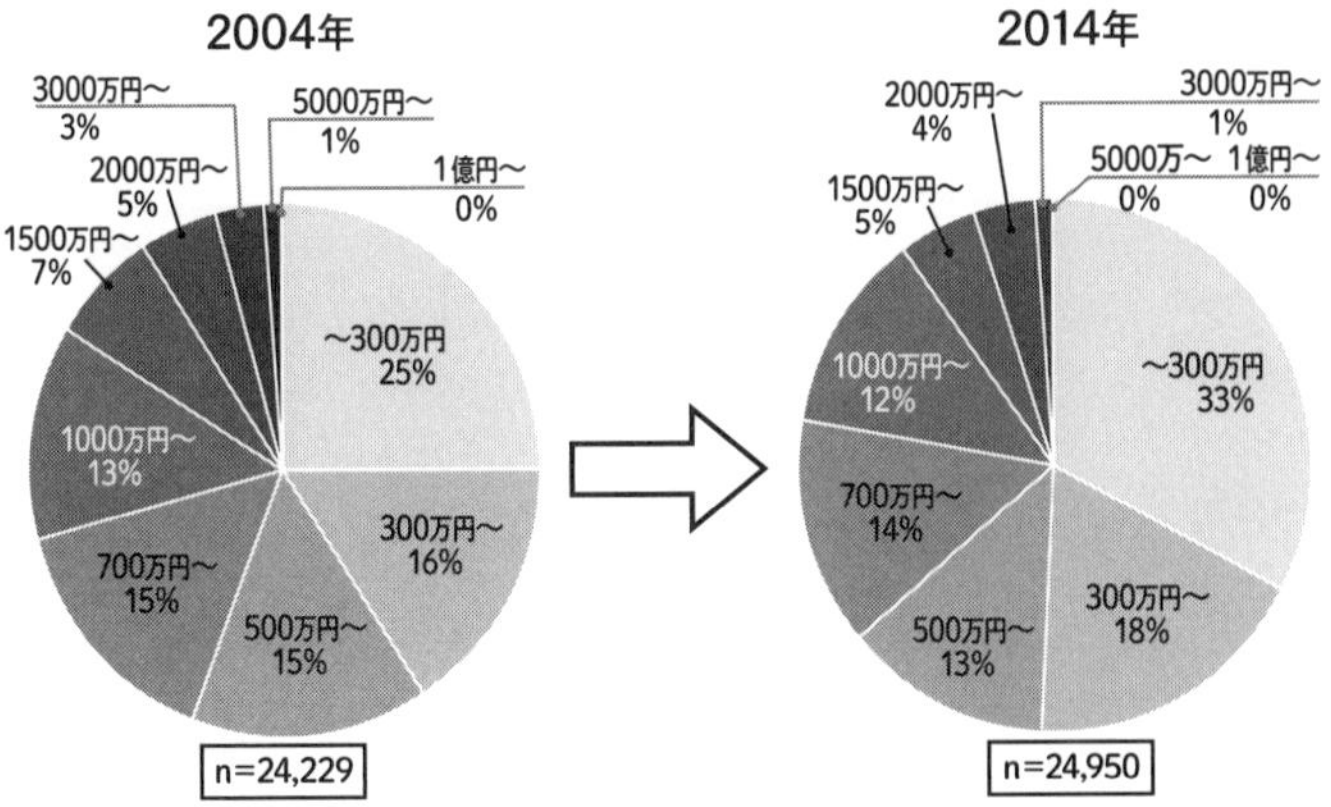

（日本税理士会連合会作成　実態調査報告書より作成）

ているのではないか」と思われるかもしれません。しかし、回答の総数に注目すると違った側面が見えてきます。税理士の登録者数は現在約８万人、２００４年でも６万４０００人ほどいましたが、回答総数は２００４年も２０１４年も２万４０００人台（上図のnの値）で、６割から７割の税理士が回答していないのです。忙しいから回答しない人もいるとは思いますが、**所得が低いので回答したくない**という人も含まれているのではないかと私は考えています。すると、所得が５００万円以下の割合は、実際はもっと増えます。

　ここまで税理士の話をしてきましたが、じつは税理士のおかれた状況は士業のなかでは比較的よいほうです。なぜかというと、図表

2016年	2017年	2018年	2019年	2020年	2021年	12年間の増加率
37,680	38,980	40,066	41,118	42,164	43,206	**1.50**倍（50%増）
10,871	11,057	11,185	11,336	11,460	11,556	**1.42**倍（42%増）
75,643	76,493	77,327	78,028	78,795	79,404	1.11倍（11%増）⬅
22,013	22,283	22,488	22,632	22,724	22,718	1.15倍（15%増）
45,441	46,205	46,915	47,901	48,639	49,480	1.22倍（22%増）
28,289	29,369	30,350	31,189	31,793	32,478	**1.62**倍（62%増）
40,110	40,535	41,187	42,056	42,887	43,474	1.25倍（25%増）

※右端の「増加率」は2010年の数値と2021年の数値から算出。

1－2のとおり、この12年間に税理士数は11％増で、競争はそんなに激化していないからです。それに対して、社労士は25％増、行政書士も22％増、弁護士にいたっては50％も増えています。少子化・人口減少社会で、全体の顧客数はそれほど変わらないか、むしろ減っているのに、多くの士業で人数が増え、士業のあいだでの競争が激しくなっているのです。

そのような状況だからでしょうか、今は士業の人気がなくなって、資格試験の受験者数がどんどん減っています。実際、税理士試験の受験者数は10年前の2分の1にまで減りました（図表1－3）。

私は税理士の仕事が大好きで、日々誇りをもって仕事をしています。また、弁護士や司法書士などほかの士業も社会的に意味のある素晴らしい職業だと思っています。だからこそ、士業が若い人にとって魅力のあ

図表1-2　士業の数の推移

	2010年	2011年	2012年	2013年	2014年	2015年
弁護士数	28,789	30,485	32,088	33,624	35,045	36,415
弁理士数	8,148	8,684	9,145	9,644	10,171	10,655
税理士数	71,606	72,039	72,635	73,725	74,501	75,146
司法書士数	19,766	20,313	20,670	20,979	21,366	21,658
行政書士数	40,475	41,584	42,177	43,126	44,057	44,740
公認会計士数	20,038	21,325	23,119	24,964	26,260	27,316
社会保険労務士数	34,732	35,801	36,850	37,784	38,445	39,331

※『弁護士白書』2019年版および2022年版より作成（単位：人）。数値は各士業会調べ。
司法書士数および行政書士数は各年4月1日現在。それ以外は各年3月31日現在。

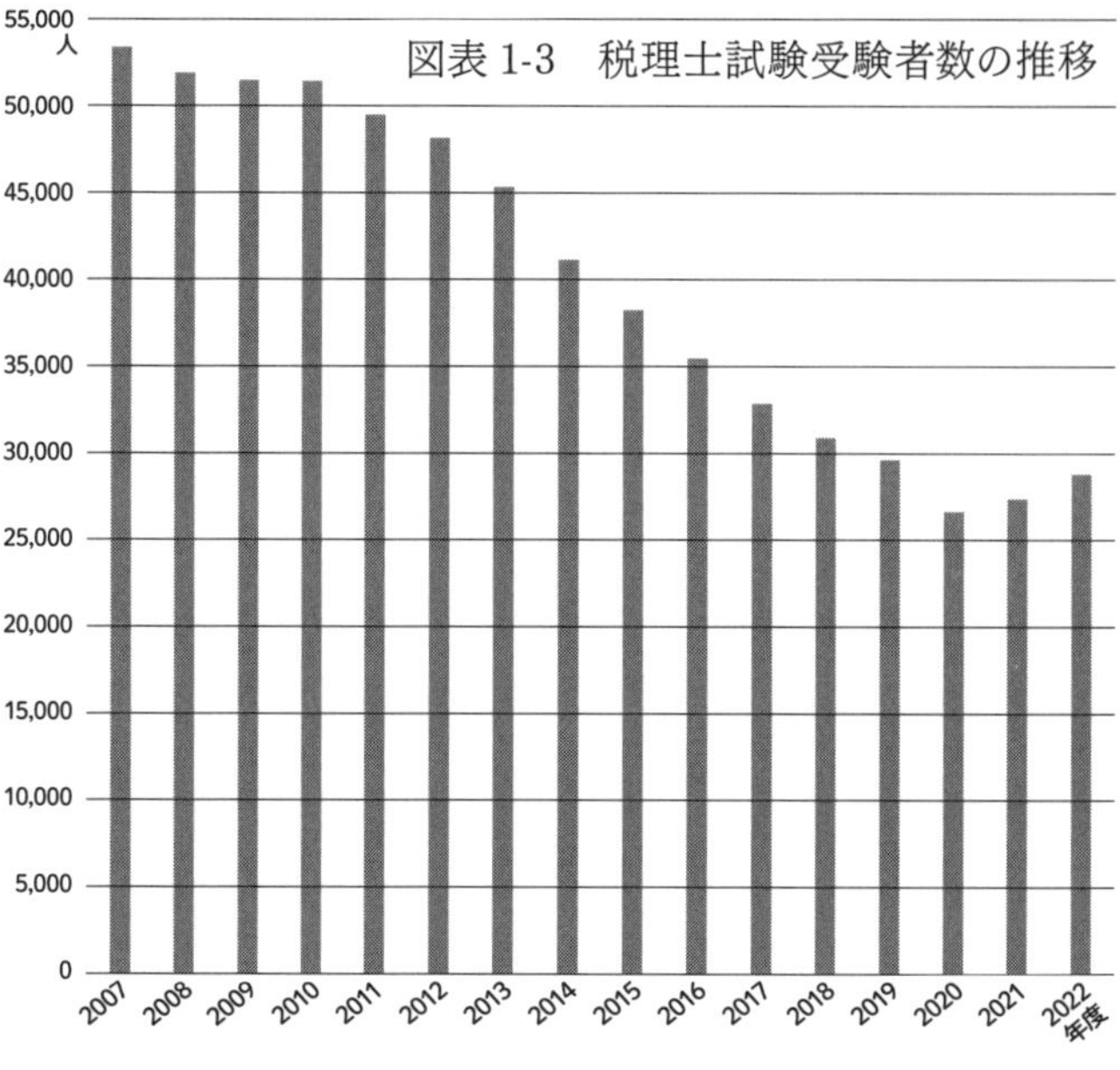

図表1-3　税理士試験受験者数の推移

る仕事ではなくなっているとしたら、残念でなりません。

そもそも、私のこれまでのやり方とあり方を『オーナー士業超実践講座』として、士業やコンサルタントの人に伝えたり書籍にしようと思ったのは、私のメソッドを実践することで、しっかり稼げて活躍する士業の人たちが増えてほしいと思ったからです。

士業の人たちが活躍する姿を見た若い人たちが「士業って社会的意義もあるし、しっかり稼ぐこともできる素晴らしい仕事だ」と認識してくれて、1人でも多くの人が「自分も士業をめざそう」と憧《あこが》れる職業であってほしいと願ってやみません。

3 ニーズ型コンサルタントは、クライアントの悩みに寄り添う専門家

ニーズ型コンサルタントは、自分が得意な分野のコンテンツを提供するのではなく、クライアントの**困っていることを起点**として、それを**解決するためのサービスを提供**します。

クライアントは事業が継続するかぎり、課題や悩みがつきることはないので、コンサルタントへの相談ごとがなくなることはありません。そのため、契約期間も数年単位の長期

間になることが多くなります。また、ニーズ型コンサルタントはクライアントにとって重要なお困りごとを解決するのを手伝うので、報酬も比較的高くなります。

クライアントとの信頼関係をベースにコンサルティングが継続されるため、簡単にほかのコンサルタントにとって変わられることもありません。

しかし、ニーズ型コンサルタントにもデメリットがあります。

デメリット①「自分の時間」がボトルネックになる

ニーズ型コンサルタントの最大のデメリットは、自分が仕事に使える時間の上限がボトルネックになることです。

コンサルタントとしての実力がついて実績も出てくると、商工会議所などから講師の依頼が来たり、どんどんコンサルティングの仕事の依頼も来るようになります。しかし、自分1人ですべてを行うために、売上が上がれば上がるほど仕事が忙しくなって、ついには仕事を依頼されても引き受けられなくなります。

ニーズ型コンサルタントは、おおむね年商3000万円で収入が頭打ちになります。

年商3000万円であれば1か月の収入は250万円です。コンサルティング1件の価格を15万円だとすると、月に17件のクライアントが必要です。1か月で17件もコンサルティングの仕事があると、準備時間も含めると、ほぼ1か月休みなしで働くことになります。この状態になると、新しい仕事を依頼されても受けることができず、仕事が来ても素直に喜べない状態になります。

デメリット② **紹介に頼ると、価格を低く抑えられることがある**

ニーズ型コンサルタントのデメリットと同じで、ニーズ型コンサルタントの場合も、自分でセールスやマーケティングをせずに紹介ばかりに頼っていると、価格を低く抑えられたり、価値観が自分と合わない顧客とも仕事をせざるを得なくなることがあります。

4 オーナー型コンサルタントは、仲間を巻き込み業績を上げる仕組みづくりの専門家

オーナー型コンサルタントは、ニーズ型コンサルタントとして、クライアントのお困り

ごとの解決をおもな仕事として活動しながら、自分の不得意な仕事や自分でなくてもできる仕事をモジュール化、パッケージ化して、その仕事を従業員や外部の協力者に委託します。しかも、仕事をまかされた従業員や業務委託先の満足度も高めつつ、しっかりと収益を上げます。

オーナー型コンサルタントの特徴は、自分の時間をコンサルティングではなく、おもに**仕組みづくり**に使うことです。すなわち、個人の力に頼らずとも社内の仕事がまわる仕組みをつくるのです。

仕組みを整えていくことで徐々に利益も、自由になる時間も増やせます。また、マニュアルやチェックリストを活用することで、従業員のだれがやっても均等なクオリティーで仕事ができるような組織をつくります。

こうすることによって、コンサルタント本人が2000万円以上の収益を上げながら、組織としてさらに別の収入をも見込めますので、収入に限界がなくなります。

図表1‐4は、ロバート・キヨサキ著『金持ち父さん 貧乏父さん』（筑摩書房）に掲載された「キャッシュフロークワドラント」の図です。

タテヨコ2本の直線が交わってできた4つの領域（クワドラント）に、以下の4種類の人を配置した図です。

左上Eは**従業員**（employee）
左下Sは**自営業者**（self-employed）
右上Bは**ビジネスオーナー**（business owner）
右下Iは**投資家**（investor）

シーズ型コンサルタントとニーズ型コンサルタントは、上図ではS（自営業者）に入ります。

これに対して、オーナー型コンサルタントは、自分ではなくてもできる業務は人にまかせているので、その面では図のB（ビジネスオーナー）にあたりますし、自分がやりたい業務をやっているときはS（自営業者）の領域の人になります。

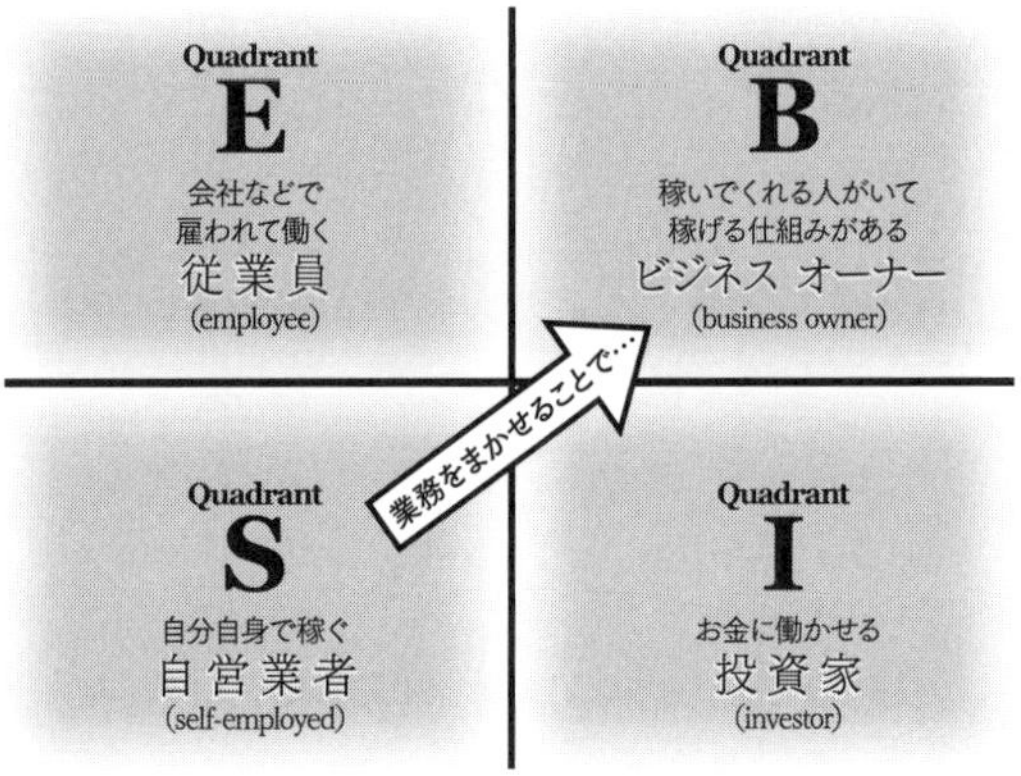

図表1-4　キャッシュフロー四分儀（クワドラント）図
に見るオーナー型コンサルタントの位置

5 コンサルタントには6つのレベルがある

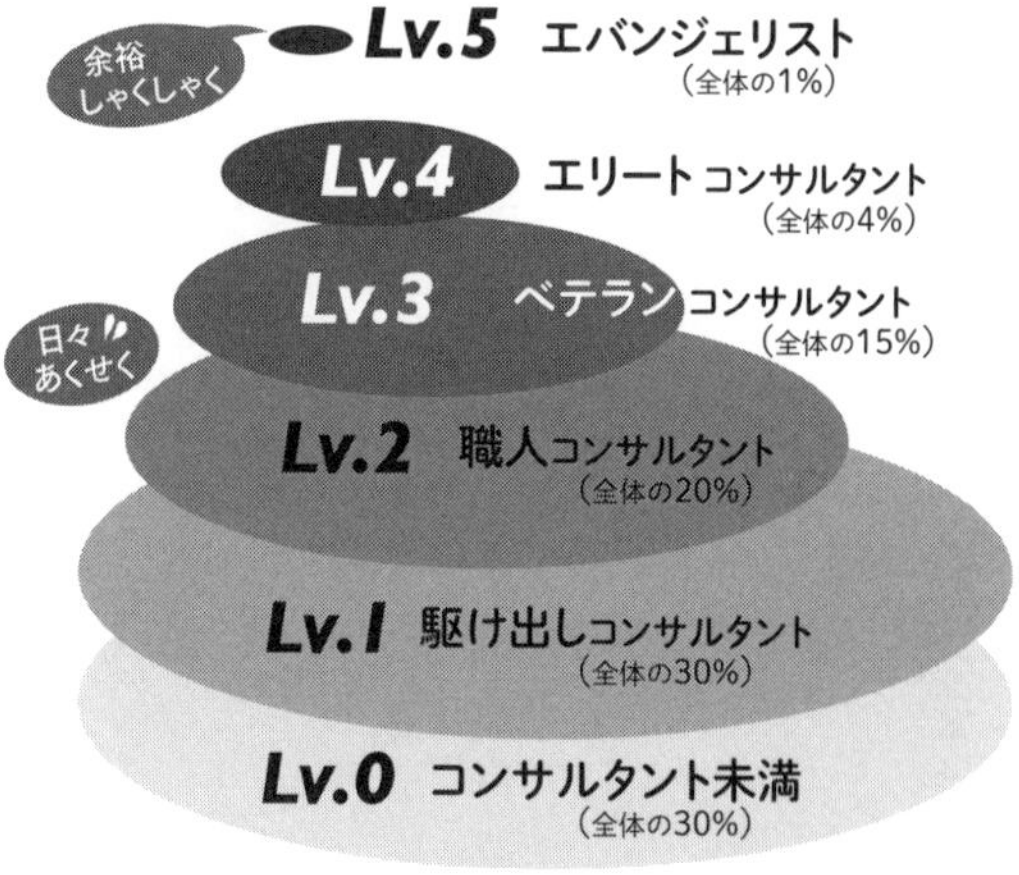

図表1-5　コンサルタントの6つのレベル

ここまでは、士業・コンサルタントの3つのタイプについて見てきました。ここからは、コンサルタントとして仕事をはじめた人が、どのように成長していくか、その過程を見ていきます。

コンサルタントの世界は、極端に二極化しており、トップ1%とその他99%に大きく分かれます。

コンサルタントをレベルで分けると、上図のように「レベル0」から「レベル5」まで6段階に分類でき、トップ1%の「レベル5」のコンサルタントと、「レベル0」から「レベル4」までのコンサルタントでは見えている世界がまったく違っています。
コンサルタントのレベルを分けるポイントとなるのは、おもに次の4つです。

① **自分の商品**があるかどうか
② **紹介に頼らずに**新しい顧客に対してセールスができるかどうか
③ **自社の見込み顧客リスト**があるかどうか
④ **自分がいなくても売上が上がる仕組み**があるかどうか

ここからは、「レベル0」から「レベル5」までのコンサルタントのそれぞれがどんな状態なのかについてくわしく見ていきます。

レベル0 コンサルタント未満＝全体の30％

自分のコンサルティング商品をもたないコンサルタントです。

士業としての仕事は順調で、コンサルティングの仕事もしたいと思っている士業の人などがここに入ります。

まだ顧客に提供できる商品がないので、コンサルティングの価値がクライアントに伝わらず、知り合いがたまたま買ってくれたなどのケースを除いては、ほとんど商品が売れることはありません。コンサルティングの年商は100万円くらいまでで、コンサルタントの30％の人がこのレベルにいます。

次のレベルに行くためのアドバイスとしては、まずなんでもよいので自分の商品をもつことです。商品は自分でつくってもよいですし、外部から仕入れることもできます。

レベル1 駆け出しコンサルタント＝全体の30％

独立したてのコンサルタントや士業の人などで、自分のコンサルティング商品がある人です。自分のコンサルティングに自信がなく、今までセールスをしたこともないので、たまたま運よく「その商品をほしい」といってくれる顧客が現れると売れることもありますが、顧客にどう提案していいかがわからないので、コンサルティングの年商は100万～300万円くらいです。このレベル1のコンサルタントも、前述の「レベル0」同様、全体の30％を占めます。

次のレベルに行くためのアドバイスとしては、とにかく自分の商品のクオリティーを高めること。そのために、ＰＤＣＡができる機会をつくって何度もやってみることです。その過程で自分のコンサルティングにも自信をつけることができます。

レベル2　職人コンサルタント＝全体の20％

自分のコンサルティング商品があり、少しずつコンサルティングの実績が出ている人です。「ほしい」と言ってくれたクライアントに対して、自分の商品を提供することができます。クライアントは、知り合いか、もしくは知り合いからの紹介のみで、新規のクライアントに対して積極的なセールスをすることができません。年商は２００万〜５００万円くらいで、このレベルのコンサルタントは全体の20％を占めます。

次のレベルに行くためのアドバイスとしては、セールスを極めて、初対面の人に対して成約率を最低でも50％にもっていくことです。

レベル3　ベテランコンサルタント＝全体の15％

自分の商品には自信をもっており、今まで何回もクライアントに提供し、結果も残してきています。セールスに関しては、初対面の人に対してでもクロージングができ、半分ぐらいは成約できるようになっています。

商工会議所などからセミナーを頼まれたりして年に2回くらいセミナーができますが、自社の顧客リストをもつにはいたっていないので、自分で集客してセミナーをすることはできません。このレベルのコンサルタントは全体の15％を占めます。

次のレベルに行くためのアドバイスとしては、マーケティングの仕組みをつくって、自社の見込み顧客リストを構築することです。

レベル4 エリートコンサルタント＝全体の4％

自社の商品や見込み顧客リストをもっていて、見込み顧客リストを使ってメルマガなどで自分の世界観も伝えており、毎月あるいは隔月で定期的にセミナーをすることができています。初対面の人に対してクロージングもできるので、セミナーをするたびに新規のクライアントができて、定期的に売上が上がる仕組みができています。

エリートコンサルタントは、自分の時間がボトルネックになり、自分の仕事にかける時間の最大値を超えては、仕事を受けることができません。このエリートコンサルタントは全体の4％ほど。すなわち上述の「レベル0」から「レベル4」までの合計で全体の99％

を占めます。

次のステップへのアドバイスとしては、自分のコンテンツを商品化して、ＤＶＤや動画、書籍など、複数のチャネルで販売すること。それと平行して自社の見込み顧客リストを増やす仕組みをつくること、そしてチームを編成して、自分でなくてもできる仕事は人にまかせる仕組みをつくっていくことです。

レベル5 エバンジェリスト＝全体の1％

自分のコンテンツを商品化して、複数のチャネルで販売することができ、自動的に自社の見込み顧客リストが増える仕組みをつくっています。また、自分でなくてもできる仕事は人にまかせる仕組みをつくっているので、自分の労働時間がネックになることもなく、売上の限界もありません。自分の世界観がまわりに伝わり、共感してくれる人がどんどんとクライアントになってくれます。このレベルに達しているコンサルタントは全体の１％です。

2章

オーナー型コンサルタントになって、仲間とよい影響を与え続ける仕組みを構築する

――この章のはじめに

1章では、士業・コンサルタントが現在おかれている状況を説明しました。年商3000万円以上を実現するトップ1%の士業・コンサルタントは、その他99%と圧倒的な差があり、この両者の差は今後さらに開いていきます。

なぜ圧倒的な差があるかというと、彼らには**「忙しい」がない**からです。これはもちろん、仕事がなくて暇《ひま》なわけではありません。彼らは売上が上がる仕組みを構築しているので一定の割合で売上が増え続けています。また、ほかにも知人の紹介や紹介会社を活用してクライアントを増やしたり、M&A(最終8章でふれます)によって事業を買収したりしながら、どんどんビジネスを拡大させていっています。

人材の採用も余裕をもって行い、ビジネスの拡大にブレーキをかけることなく、どんどん仲間を巻き込んでいきます。いっしょに働くメンバーの満足度も高く、それぞれが自分のおかれた立場でやりたいことを実現しつつ、納得のいく報酬を得ています。「忙しい」がないぶん、同業他社が繁忙期であったとしても、いつでも新しいことに挑戦する余裕があります。

このトップ1％の事務所の経営方法のことを私は、本書冒頭で述べたとおり「オーナー士業®」と名づけました。これまでEMP税理士法人の経営をしながら実践してきたことを「オーナー士業超実践講座」のメソッドとしてまとめ、うまくいったことだけでなく、うまくいかなかったことも講座のなかで包み隠さず伝え、4年間で多くの士業やコンサルタントの人がオーナー士業のメソッドを活用することで成果を出してくれています。

2章では、オーナー士業、オーナー型コンサルタントとはどういうものか、オーナー士業を実現している事務所ではどんなことをしているのかを簡単に紹介します。この章を読んでいただくことで、オーナー士業の事務所経営とはどんなものかをざっくりと理解していただけると思います。

1 オーナー士業とは、仲間を巻き込みながら事務所の業績を上げる経営手法

オーナー士業、オーナー型コンサルタントとは、まわりの人を巻き込みつつ、自分の不

得意な仕事や、自分でなくてもできる業務は他人にまかせ、自由になった時間を自分が得意なこと、やりたいことでクライアントに貢献する士業、コンサルタントです。

1章で述べたように、コンサルタントには6つのレベルがあり、レベルが上がるにつれて、自分の仕事の時間が増え、管理する従業員の人数も増えるので、自分の時間の上限が売上の上限になります。既存の仕事や管理業務で手いっぱいになって忙しくなると、新しいことを実践したり学んだりする余裕もありません。

オーナー士業の一番の特徴は、自分でなくてもできる仕事は、従業員の管理も含めてすべて他人にまかせることです。このときに重要なことは、まかせたほうは満足しているけれども、まかせられたほうがイヤイヤ仕事をしているという状況にはしないこと。

まかされた側にとっても、自分が得意な仕事で人に貢献できることが嬉《うれ》しいと思えたり、自分が成長できるチャレンジングな仕事ができるなど、まかされたほうも満足して働ける環境を整えることです。

もちろん、すぐにそのような状態をつくるのは難しいかもしれませんが、「関わるすべての人が満足して仕事ができる状態をつくる」ことを目標にします。

以下に紹介するように、実際、講座の受講生でオーナー化を進めることで、事務所の経営がうまくいくようになったという事例も数多く出てきています。

事例① 福岡雅樹さん（税理士法人 Farrow Parnters 代表）

福岡さんは従業員10人ほどの税理士事務所を経営していています。自分は現場からは離れているものの、従業員の管理が手いっぱいになって、仕事が増えても嬉しくない、という状況でした。福岡さんは事務所のオーナー化を進め、社内のマニュアルをつくり、コーチングをうまく活用してスタッフミーティングを進めた結果、管理の仕事に時間をとられることがなくなりました。その結果、税務以外にも400万円のコンサルティング契約を受注することができて、今はコンサルタントとしてもクライアントをサポートしています。

事例② 中村茂男さん（社会保険労務士法人 組織で勝つ 代表）とスタッフの中村美幸さん

中村茂男さんは従業員数人の社労士事務所を経営しています。中村さんの事務所では、茂男さんは営業など表向きの仕事が専門で、従業員の責任者の美幸さんが事務所内をまとめていました。この事務所では美幸さんが講座を受けて、コーチングを使って従業員と面談をしたり、マニュアル化を進めて、事務所のオーナー化を進めていきました。その結果、業務の処理スピードが劇的に早くなり、従業員間の品質のばらつきも少なくなりました。

この年、茂男さんが半年間で10件以上の新規の顧問契約を受注しました。以前であれば、一気に10件以上の顧問先が増えたら業務がまわらなくなっていたはずです。しかし、事務所のオーナー化が進んできていたため、増えたぶんを含めても例年と同じように業務を行うことができました。

事例③　山根知典さん（株式会社ギブアンドデー代表取締役）

コンサルタントの山根さんは、順調に売上を伸ばしていましたが、コロナ禍で商談がリアルからオンライン面談になったとたんに成約率が急に下がって売上がガクッと落ちました。山根さんは講座で安心安全な場づくりのやり方を学び、オンラインの商談でもていねいに場づくりをするようになったことで、これまで以上の年間1000万円以上の売上を上げることができました。

事例④　須賀智仁さん（税理士法人S-Linkパートナーズ代表）

税理士の須賀さんは、それまで自分の売上、自分の所得を増やすために仕事をする、と

いう思いがひじょうに強かったのですが、オーナー士業のあり方とやり方を学んだことで行動と考えが変わりました。今では、

「事務所の従業員にたくさん給料を払えるようにしよう」

「従業員が成長できるような、よりよい環境をつくっていこう」

と決意して事務所の経営をするようになったそうです。おかげで、従業員との関係がとてもよくなりました。

2 オーナー型コンサルタントの仲間は「従業員」とは限らない

この本を読んでいる人のなかには、今は自分1人でやっているから、オーナー化は関係ないと思っている人もいるかもしれません。しかし、オーナー化は従業員を雇って経営している事務所だけがやることではありません。実際、私の講座の受講生にも1人で仕事をしている士業やコンサルタントの人が多く来てくれています。では、ひとり士業やコンサルタントはどうやってオーナー化をするのでしょうか？

ひとり士業やコンサルタントが仕事をまかせる先は、仲間や専門家です。個人で仕事をしている人は、人によってデザインが得意であったり、セールスが得意であったり、事務仕事が得意であったり、得意分野、専門分野はそれぞれに違います。専門家と業務提携をすることで、それぞれが得意なことで協力して仕事をするという形で、ひとり士業やコンサルタントもオーナー化できるのです。

事例を1つ紹介します。

事例⑤ コンサルタントの寺本奈美江さん（株式会社VISIOLIZE代表取締役）

寺本さんは、経営コンサルタントとして活躍しています。

彼女は何人かでチームをつくって仕事をしていましたが、重要なことはすべて自分でやらなればいけないと自分を追い込んでしまうことが多く、仕事が増えすぎて大変な状態でした。講座を受講し、寺本さんは自分が得意ではないことは人に頼ってよいということに気づき、自分が苦手なことはそれが得意なチームメンバーや専門家にまかせて、少しずつ自分の事業のオーナー化を進めていきました。その結果、チーム内での仕事が効率化され、仕事全体が順調に進むようになりました。売上も1800万円を超え、チームの雰囲気もよくなりました。

ところで、「オーナー士業超実践講座」自体も、少しずつオーナー化を進めています。2022年までは私とスタッフ1人の2名体制で講座の企画と運営をほとんどすべてやり、講義も私がすべて講師をしていました。しかし、2023年からは講義の一部は卒業生の認定講師にまかせ、合宿やセミナーの企画・運営も大部分を卒業生にまかせています。

私が卒業生に講座の運営や企画をまかせているのは、私がラクをしたいからではありません。受講生の立場であるより、講師をしたり、運営や企画の提供側にいるほうが、はるかに得るものが大きく、本人が成長できるからです。

講座を提供する側に立つことはプレッシャーもかかりますし、決してラクな仕事ではないのですが、みんなとても楽しそうにやってくれます。ここで試行錯誤しながらやったことが、今度は彼らがクライアントへコンサルティングをするときに役に立ったり、クライアント先に導入することができる、といったメリットもあります。

このように、オーナー化は**関わる人全員が喜んで仕事ができる状態をつくること**を理想にしています。もちろん、理想と現実は違って、うまくいかないこともたくさんあります。でも、そのたびにオーナーが後ろや下ばかり向いていては、仕事はまわっていきませんし、組織は成長できません。

私の大好きな言葉の1つに、「失敗はない。フィードバックがあるだけ」というものがあります。すべての失敗はこやしにできる。へこたれない前向きな気持ちこそが、組織とあなたを成長させるバネだと、ぜひ心に刻んでください。

オーナー化を進めるために、いろいろな施策を考えて、まずはやってみること。もしうまくいかなかったとしても、それはフィードバックとして、次の機会に活かせばよい。まわりの人の模範となってチャレンジし続ける心構えこそが、オーナーに不可欠な資質といえるでしょう。

3 オーナー型コンサルタントは、マーケティングからセールスまで一気通貫の仕組みがある

1章でも書いたように、士業やコンサルタントの8割くらいの人は、紹介だけで売上を

上げています。紹介は素晴らしいシステムですが、それだけに頼ると新規のクライアントをすべて紹介者に依存することになるので、安定した売上が見込めません。継続的に売上を生むためには、マーケティングの仕組みを構築する必要があります。

士業のうちで、マーケティングを意識して活動をしている人は、たったの10％程度です。そのなかでも有料のFacebook広告などをやっている人はおそらく1％もいません。

だからこそ、マーケティングの仕組みを少し取り入れるだけで、すぐに士業のなかではトップクラスに入れます。

この本ではマーケティングを「顧客が真に求める商品やサービスをつくり、その情報を届け、顧客がその《価値》を効果的に得られるようにすること」と定義をしています。

・自分の顧客は〈どんな人〉なのか？
・その人は〈なにを求めて〉いるのか？

まず、こうしたことを知ったうえで、その人にぴったり合った商品をつくること。そして、その商品を提供し、顧客の不満や不安や悩みが軽減されたり解決したりする。そうす

図表2-1　顧客が商品を購入するまでの流れ

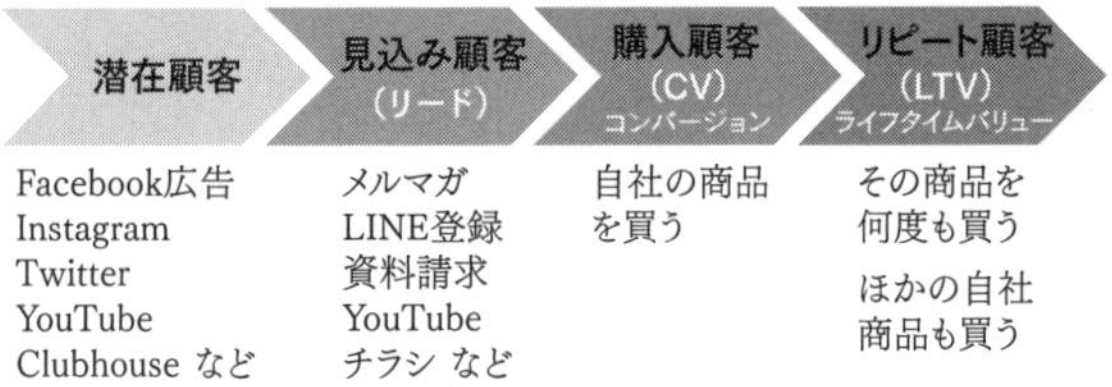
潜在顧客
見込み顧客
（リード）
購入顧客
（CV）
コンバージョン
リピート顧客
（LTV）
ライフタイムバリュー
Facebook広告
Instagram
Twitter
YouTube
Clubhouse など
メルマガ
LINE登録
資料請求
YouTube
チラシ など
自社の商品
を買う
その商品を
何度も買う
ほかの自社
商品も買う

ることでようやく、顧客に《価値》が提供できたといえるわけです。

図表２－１は顧客が商品を購入するまでの流れを表しています。コンサルタントとの関係によって、顧客は、「**潜在顧客**」「**見込み顧客**」「**購入顧客**」「**リピート顧客**」の４段階に分かれます。以下、個別に解説します。

① **潜在顧客**　あなたのことを「まったく知らない」か、あなたが発信しているＹｏｕＴｕｂｅやＦａｃｅｂｏｏｋ広告を「見たことがある」、あるいは「ブログを読んだことがあるので名前だけは知っている」といった、まだあなたとの関係が薄い顧客です。

② **見込み顧客**　メルマガ（メールマガジン／ＭＭ）やＬＩＮＥに名前やメールアドレスを登録していたり、配ったチラシを見て連絡をくれたりして、こちらからの情報提供が可能になった顧客です。

③購入顧客　一度商品を買ってくれたことがある顧客です。

④リピート顧客　一度だけでなく、ほかの自社商品なども含めて何度かリピートして商品を買ってくれたことがある顧客です。

潜在顧客から見込み顧客、さらに購入顧客、リピート顧客へと段階的にすすんでいってもらうのがマーケティングの仕組みです。この流れをシームレスに（途切れなく）つくること、さらに見込み顧客を定期的に発掘できると、顧客が安定して増えるようになります。

4 オーナー型コンサルタントは、うまくセールスファネルを活用する

図表2－2は「セールスファネル」と呼ばれるマーケティングの仕組みです。士業やコンサルタントの場合は、だいたい、この図のような流れになります。

上から下へいくほど、コンサルタントと顧客の関係性は深くなります。

以下では私の事例で説明しますが、自分がこの仕組みをつくる場合はどうすればいいか、

読みながら考えてみてください。

(1)「Facebook広告」を使って顧客情報を集める　自分のやっていることに興味や関心をもっていそうな顧客を集めるために、Facebook広告を使って、仕事に役に立つ動画やPDFを無料で提供し、名前やメールアドレスを登録してもらいます。集めた情報をもとに見込み顧客リストをつくります。

(2)「メルマガ」でセミナーの案内をする

顧客リストを使って定期的にメルマガを送り、自分の世界観や仕事観などの付随情報を伝えつつ、随時、有料セミナーなどの商品情報も送ります。

図表2-2　士業・コンサルタントのセールスファネル

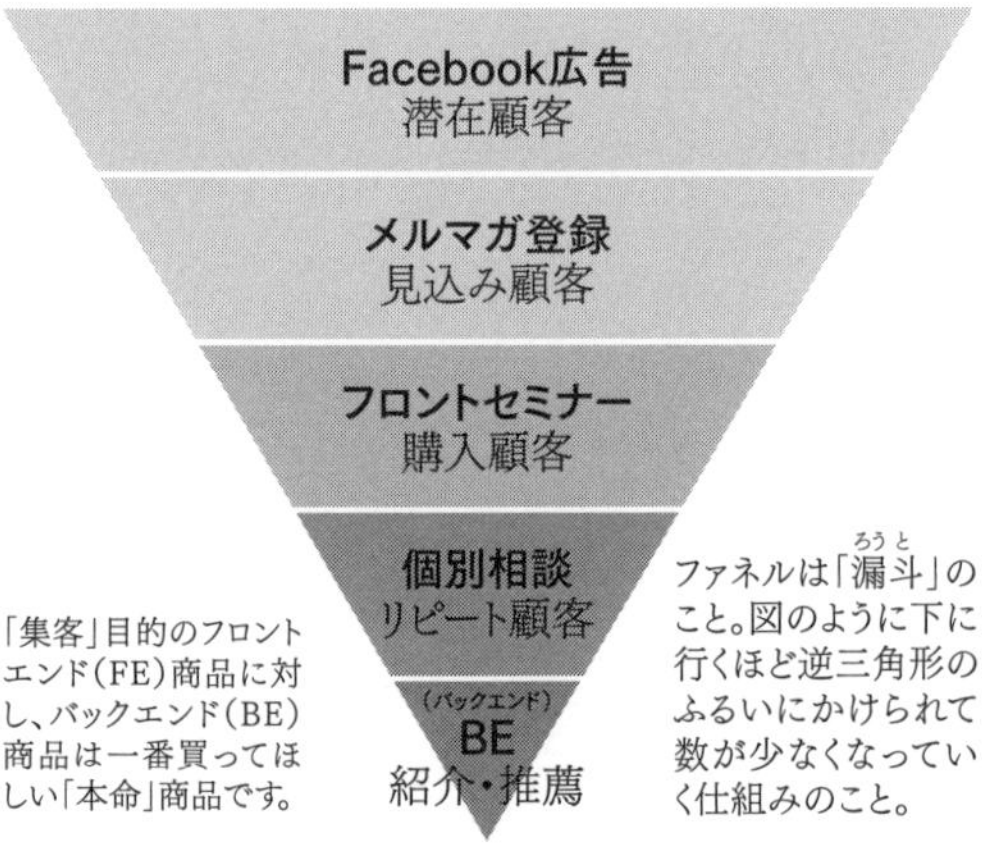
Facebook広告
潜在顧客
メルマガ登録
見込み顧客
フロントセミナー
購入顧客
個別相談
リピート顧客
BE《バックエンド》
紹介・推薦
「集客」目的のフロントエンド（FE）商品に対し、バックエンド（BE）商品は一番買ってほしい「本命」商品です。
ファネルは「漏斗《ろうと》」のこと。図のように下に行くほど逆三角形のふるいにかけられて数が少なくなっていく仕組みのこと。

(3)「フロントセミナー」を開催する　メルマガを読んで興味をもって申し込んでくれた人に、5000円くらいの低価格でセミナーを開催します。受講者の悩みや課題を言葉にして伝えることで、課題があることに気づいてもらい、自分の提供する商品がその課題を解決できることを伝えます。

(4)「個別相談」で対応する　フロントセミナーに参加してくれた人のなかで、「自分の悩みを個人的に相談したい」と申し込んでくれた人に対して行う、1対1の相談です。フロントセミナーに来てくれたお礼を伝え、セミナーの感想を聞きながら、その人個人がもつ課題を言語化し、見える化し、具体化します。自分の商品が相談者の課題の解決になると思えば、このときに商品のセールスをします。

(5)「バックエンド商品」の成約につなげる　バックエンド（BE）商品とは、コンサルティングや連続講座やコーチングなど、あなたが一番売りたいメイン商品です。

このようなセールスファネルをつくって、なるべく上から下へたくさんの見込み顧客が来てくれるように、何回もＰＤＣＡをまわしながらセールスファネルの仕組みや構成をブラッシュアップします。

PDCA事例❶ セールスファネルを活用してマーケティングをする

セールスファネルのＰＤＣＡのまわし方を図表２－３を使って説明します。

最初に２００万円かけてＦａｃｅｂｏｏｋで無料動画プレゼントの広告を出したところ、１０００人のメールアドレスが集まりました。

その１０００人にメールでフロントセミナーの案内をしたら、１００人がセミナー

図表2-3　最初のセールスファネルとコンバージョンレート

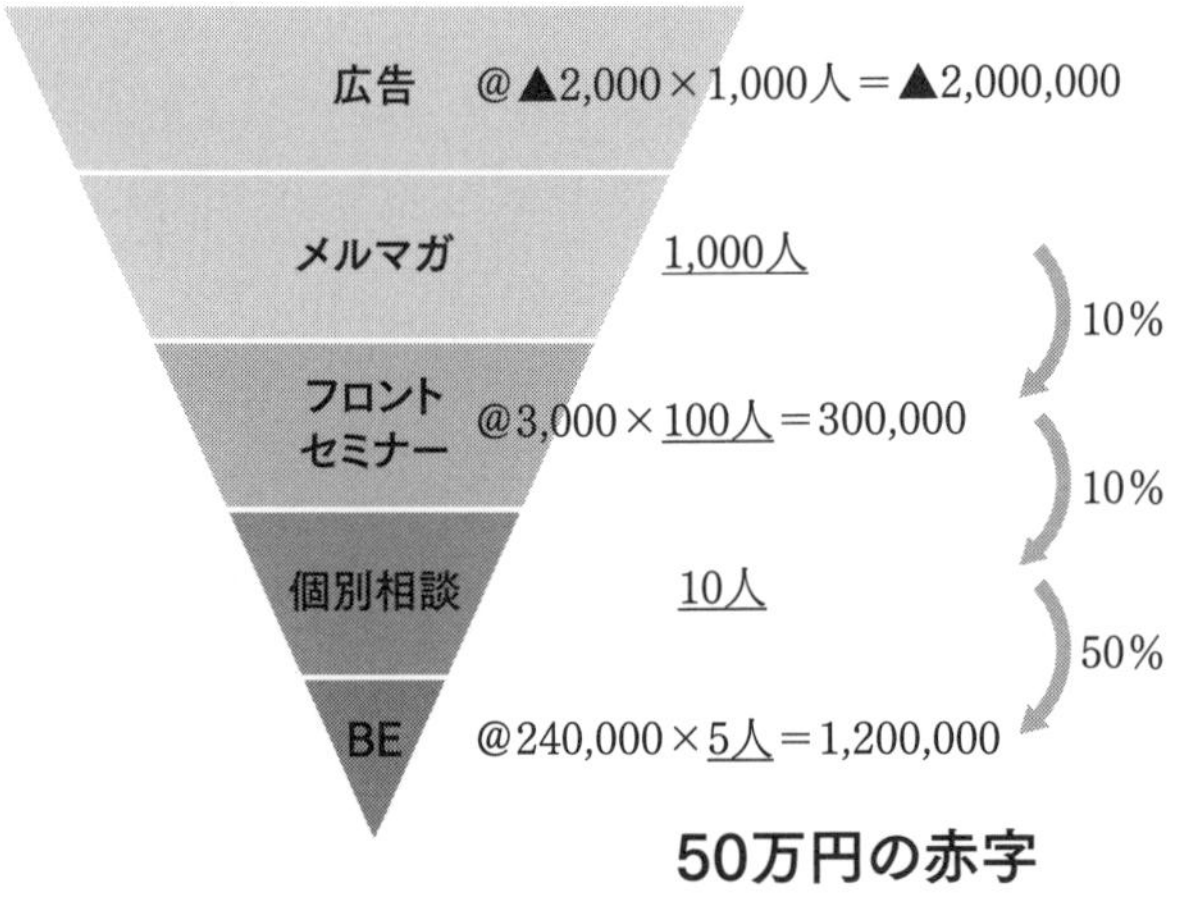

広告　@▲2,000×1,000人＝▲2,000,000
メルマガ　1,000人
10%
フロントセミナー　@3,000×100人＝300,000
10%
個別相談　10人
50%
BE　@240,000×5人＝1,200,000
50万円の赤字

に来て、そのうちの10人が個別相談を申し込みました。個別相談を受けた10人のうちの5人が最終的にコンサルティング契約（バックエンド＝BE）をしました。

この場合、かかった費用は広告費が200万円で、それに対する売上は、セミナー参加費が3000円×100人で30万円と、24万円のコンサルティング契約が5人で120万円なので、売上合計が150万円、差し引きで50万円の赤字になります。

費用	広告費		200万円 …①
収入	セミナー	3000×100＝	30万円
	コンサルティング契約	24万×5＝	120万円
	（収入合計）	30万＋120万＝	150万円 …②
収支（②－①）		150万－200万＝	▲50万円

コンサルティングの契約は取れましたが、これでは収支が赤字になるので、次回に向けて改善点を探します。1つのステップから次のステップにどれくらいの人が進んでくれているかについて1つ1つ検証し、改善点を見つけます。

メールを見てセミナーに参加した割合は10％、セミナー参加者が個別相談会に申し込んだ割合も10％、個別相談の参加者がコンサルティング契約をした割合は50％です。1つのステップから次のステップに進む割合のことを**コンバージョンレート**と呼びます。

このうち、どこのステップを強化するかを考えます。今回はセミナーを受けてから個別相談に来てもらう人の割合を増やすという目標を立てました。そのために、セミナーの資料を変えたり、事例を変えたり、あるいはセミナー終了後にもう一度「個別相談のご案内」を送ったりといった工夫をした結果、20％の人が個別相談に来てくれました（図表2－4）。

図表2-4　改善後のセールスファネルとコンバージョンレート

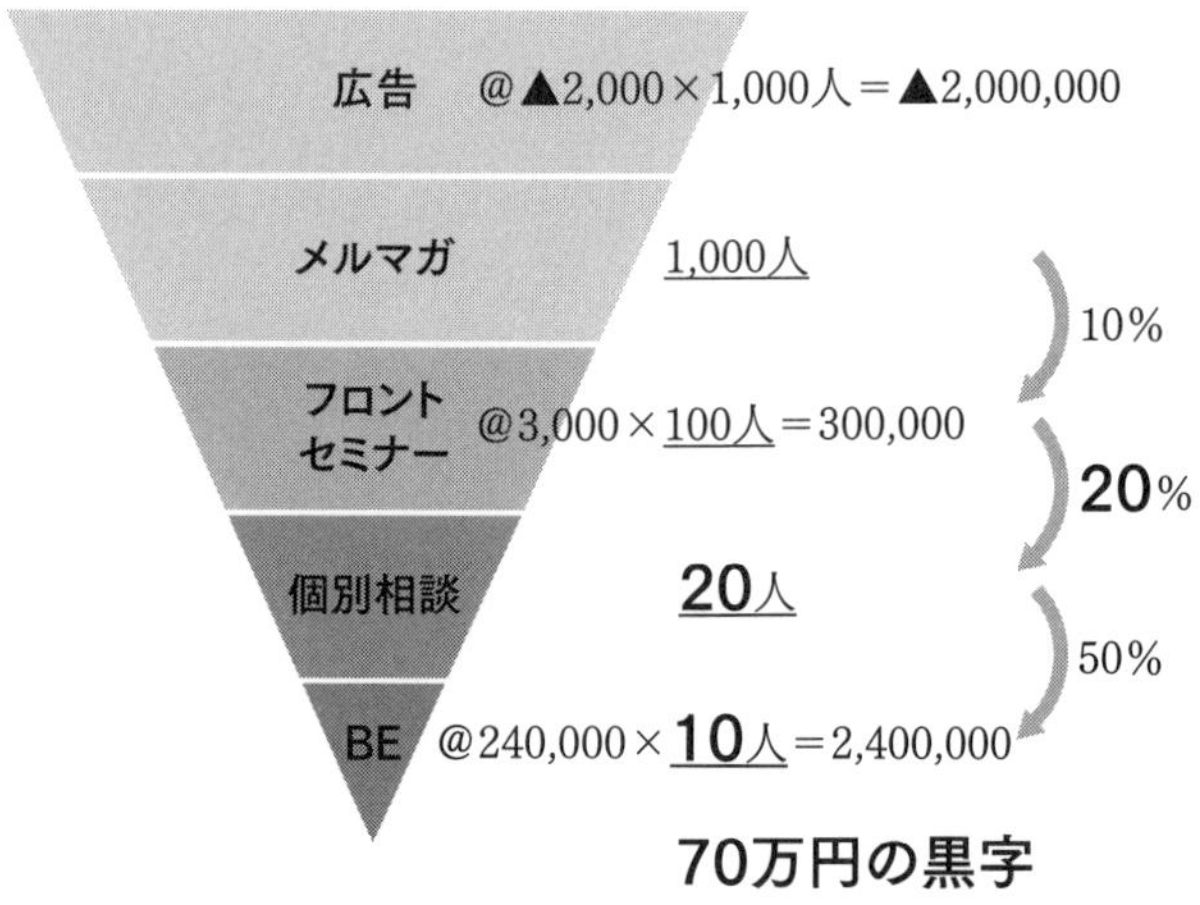
広告
@▲2,000×1,000人＝▲2,000,000
メルマガ
1,000人
10%
フロント
セミナー
@3,000×100人＝300,000
20%
個別相談
20人
50%
BE
@240,000×10人＝2,400,000
70万円の黒字

PDCA事例❷

セミナー受講後、個別相談に来てもらう人の割合が2倍になるように改善する

→すると収支は次のように変わり、70万円の黒字になります。

費用	広告費		200万円	…①
収入	セミナー	3000×100＝	30万円	
	コンサルティング契約	24万×10＝	240万円	
	(収入合計)	30万＋240万＝	270万円	…②
収支（②－①）		270万－200万＝	70万円	

もう1つ、別のステップの強化も考えてみます。今回はFacebook広告を見て、メルマガに登録してくれる人の数を増やすことにします。

ここ2年ほど、Facebook広告による1メールアドレスあたりの取得単価が上がっていますので、1アドレスの取得単価を下げるための施策を考えます。

取得単価を下げるためにできることの1つとして、**自分からの情報発信を積極的に増や**

すことがあります。

たとえば私の場合なら、YouTubeでオーナー士業について話をしたり、オーナー士業についてオンラインライブをやったり、オーナー士業に関するブログを書いたり、Twitterで発信したりといったことを地道にやり続けています。

自分からの発信を地道に続けることで、オーナー士業についてのFacebook広告を見た人が「この人だれ?」と思うのではなく、「YouTubeで見たことがある人だ。あのとき、いいこと言っていたからメルマガをとってみよう」と思ってくれたり、「ブログで自分の参考になる記事がいくつもあったな」と思ってメルマガに登録

図表2-5　さらなる改善後のセールスファネルとコンバージョンレート

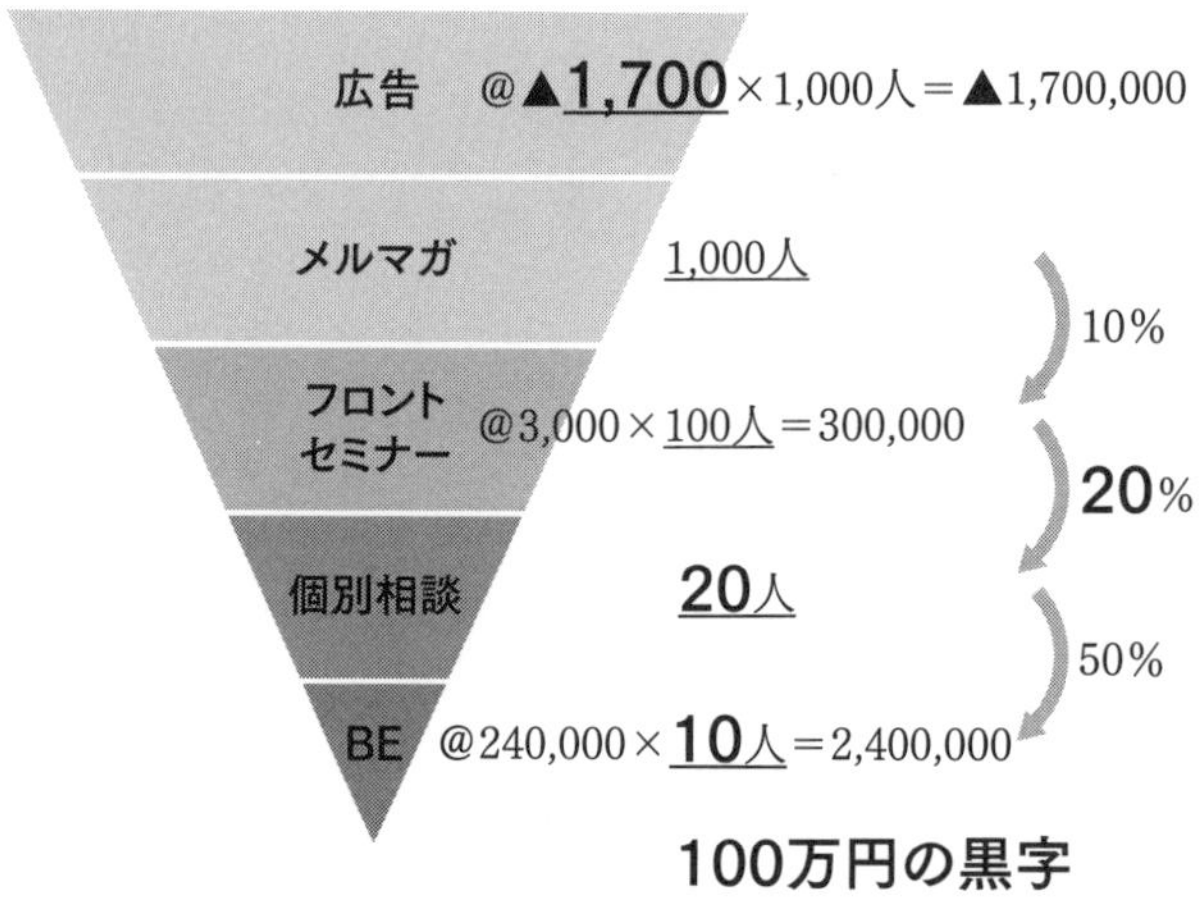

してくれるかもしれません。今は一貫性のある情報発信が、これまで以上に大事になってきていると感じています。そうやって地道に情報発信を続けることで、Facebookを見てメルマガに登録してくれる人が増えて、たとえば1件のアドレスを取得するのに当初2000円かかっていたのが1700円で取得できるようになったとします。

PDCA事例③

メールアドレスの取得単価が2000円から1700円になるように改善する

↓すると収支は次のように変わり、100万円の黒字になります。

費用　広告費　170万円…①
収入　セミナー　3000×100＝　30万円
　　　コンサルティング契約　24万×10＝　240万円
　　　（収入合計）30万＋240万＝　270万円…②
収支（②－①）　270万－170万＝　100万円

以上の2つの事例を見てきました。これら以外のステップでも、たとえばメールを見てセミナーへ申し込んでもらう確率を高めるために、

・どのメールがよく読まれたか

・どのメールからセミナーに来てくれた人が多かったか

など、反応率をチェックし、数値が悪かったものに関しては内容を変えたり、メールを出すタイミングを変えたりします。このように各ステップごとのコンバージョンレートを上げるために、細かい調整をしていくのです。

5 オーナー型コンサルタントは自由な時間をつくる仕組みを組織で展開している

オーナー型コンサルタントの特徴の1つは、本業以外にも複数の収益を上げる仕組みがあることです。たとえば税理士であれば、税務顧問や相続といった本業の税理士業務以外にも、コンサルティングやコーチングといった別のサービスや、DVDや書籍といった商材などでも収益を得ています。

オーナー化が進むと、自分の不得意な業務をすべて人にまかせて、空いた時間には自分が得意で好きな仕事をします。私の場合は、苦手な税理士業務をオーナー化することにし、4年かけて徐々に税理士業務が得意な従業員たちに管理業務も含めてすべてをまかせました。そうやってつくり出した時間で、私は自分が好きで得意なコンサルティングやコーチング、講座などをしています。そうすることで、私個人としても本業の税理士業とは別の収益を上げることが可能になっています。

また、EMP税理士法人では子会社の就労継続支援A型※事業所に、税務の記帳代行や資料の作成を依頼しています。ここでは、障がいを持った利用者の方が一般就労に向けて、会計知識がまったくない状態からでも職業会計人としてのスキルを身につけられるような体制を整えて、日々トレーニングをしています。そのトレーニングの一環として記帳代行や資料の作成などをお願いすることで、利用者の方のスキルアップもはかっているのです。

このように、税務の仕事のうち、高度な税務の専門知識が必要な業務は、税理士法人の従業員が行い、資料作成や記帳代行は就労継続支援A型事業所の利用者にやってもらうことで、それぞれが徐々にスキルアップができる仕組みを整えています。

このようにオーナー化が進むと、自分は好きなことができて毎日の仕事が楽しくなるわ

※就労継続支援A型＝障害者総合支援法で定められた就労支援サービスの1つ。

けですが、仕事をまかされた側も満足できる環境をつくることはもっと重要です。各自がスキルアップをはかれるような制度や、1人1人がチャレンジングな仕事に挑戦でき、成長できるような人事評価制度をつくってみる。あるいは、マニュアルやチェックリストも整備して、だれがやっても同じレベルでできるように**仕事の標準化**をはかる。こういった仕組みを整えることで、仕事が属人化することなく、従業員1人1人が自分の成長を感じながら仕事に取り組めるようになるのです。

6 オーナー型コンサルタントは仲間にビジョン・世界観を自然に伝える仕組みがある

自分たちの世界観や仕事観をつねに発信し続けると、まわりにその世界観に共感してくれる人が集まってきてくれます。たとえば、EMP税理士法人では、会社として大切にしている考え方や仕事に対する姿勢、就業規則、評価制度など会社にかかわるすべてを1冊のハンドブックにまとめています。そのなかでも、とくに大切なビジョン・ミッション・バリューを1枚にまとめたクレドカード（図表2－6）は、従業員全員が携帯しています。

クレドカードに書いてあることについては、会社としてかなり真剣に取り組んでいて、社員全員がビジョン、ミッション、そして16個のバリューをすべて覚えていますし、マネージャーへの昇格試験の必須科目の1つにも「クレド」が入っています。

会社では、毎日朝礼の代わりにデイリーラインナップといって、クレドカードに書いてある1つのバリューについてビジネスチャット上で話し合いをしています。

まず私が1つのバリューについて思うことを書き、それを読んで従業員が個々に思ったことをコメントで返

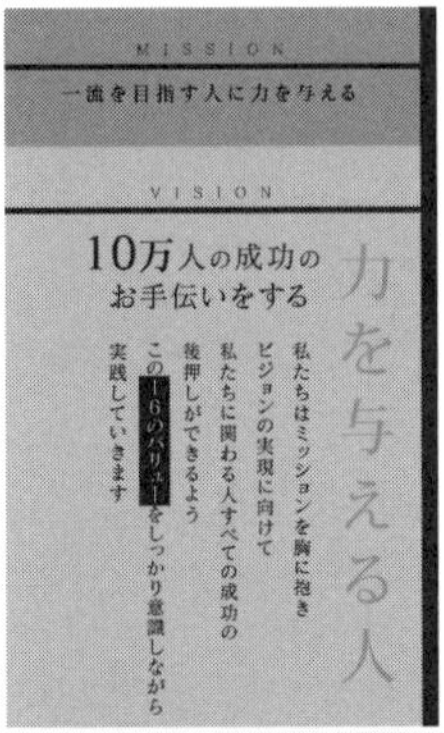

MISSION

一流を目指す人に力を与える

VISION

10万人の成功のお手伝いをする

力を与える人

私たちはミッションを胸に抱き
ビジョンの実現に向けて
私たちに関わる人すべての成功の
後押しができるよう
この16のバリューをしっかり意識しながら
実践していきます

図表2-6 EMP税理士法人のクレドカード

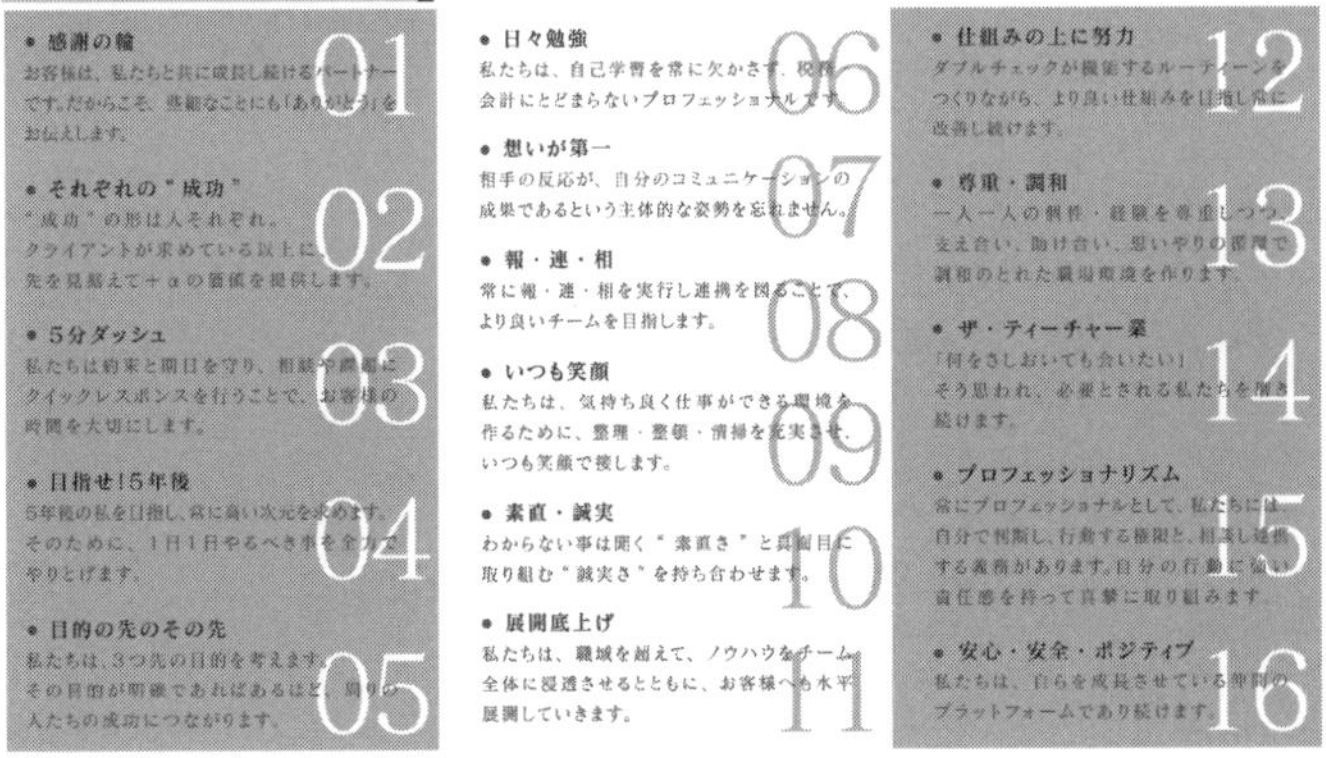

01 ● 感謝の輪
お客様は、私たちと共に成長し続けるパートナーです。だからこそ、些細なことにも「ありがとう」をお伝えします。

02 ● それぞれの"成功"
"成功"の形は人それぞれ。クライアントが求めている以上に、先を見据えて＋αの価値を提供します。

03 ● 5分ダッシュ
私たちは約束と期日を守り、相談や質問にクイックレスポンスを行うことで、お客様の時間を大切にします。

04 ● 目指せ!5年後
5年後の私を目指し、常に高い次元を求めます。そのために、1日1日やるべき事を全力でやりとげます。

05 ● 目的の先のその先
私たちは、3つ先の目的を考えます。その目的が明確であればあるほど、周りの人たちの成功につながります。

06 ● 日々勉強
私たちは、自己学習を常に欠かさず、税務会計にとどまらないプロフェッショナルです。

07 ● 想いが第一
相手の反応が、自分のコミュニケーションの成果であるという主体的な姿勢を忘れません。

08 ● 報・連・相
常に報・連・相を実行し連携を図ることで、より良いチームを目指します。

09 ● いつも笑顔
私たちは、気持ち良く仕事ができる環境を作るために、整理・整頓・清掃を充実させ、いつも笑顔で接します。

10 ● 素直・誠実
わからない事は聞く"素直さ"と真面目に取り組む"誠実さ"を持ち合わせます。

11 ● 展開底上げ
私たちは、職域を越えて、ノウハウをチーム全体に浸透させるとともに、お客様へも水平展開していきます。

12 ● 仕組みの上に努力
ダブルチェックが機能するルーティーンをつくりながら、より良い仕組みを目指し常に改善し続けます。

13 ● 尊重・調和
一人一人の個性・経験を尊重しつつ支え合い、助け合い、思いやりの精神で調和のとれた職場環境を作ります。

14 ● ザ・ティーチャー業
「何をさしおいても会いたい」そう思われ、必要とされる私たちを磨き続けます。

15 ● プロフェッショナリズム
常にプロフェッショナルとして、私たちには自分で判断し、行動する権限と、相談し連携する義務があります。自分の行動に伴い責任感を持って真摯に取り組みます。

16 ● 安心・安全・ポジティブ
私たちは、自らを成長させている仲間のプラットフォームであり続けます。

信します。このように会社の大事にしている理念について従業員全員に毎日考えてもらうことで、会社のミッションやビジョンが全従業員に浸透する仕組みを地道につくっています。

会社の理念について考えることを日々の業務に取り入れることで、仕事の判断で迷ったり困ったりしたときには、知らず知らずのうちに会社のミッションやビジョンに沿って判断するようになるのです。

このクレドカードは、従業員だけではなくクライアントや講座の受講生、業務提携先にも渡しています。会社で発行するニュースレター、私のメルマガでもつねに自分たちの世界観や仕事観を発信し続けています。そうすることで、私たちの世界観に合ったお客様や仲間が自然と集ってくるような仕組みになっています。

事例⑥ 福岡雅樹さん（税理士法人 Farrow Parnters 代表）

講座の受講生のなかでも事務所の経営にクレドカードを活用している人がいます。前出の福岡雅樹さんがそうです。彼は従業員10人ほどの税理士事務所を経営しており、講座を受講しながら、まず事務所のクレドをつくりました。そして、それぞれのバリューついて、

1 明日を照らすひと
お客様のウィッシュ（希望）をくみ取り、経営者に進むべき道を助言します。常に自己研鑽を忘れず日々の業務にあたり、お客様の明日を照らしていきます。
2 明日を照らすしくみ
お客様を幸せにするためには、私たち自身が幸せでないと説得力がありません。柔軟に働けるしくみで、スタッフとお客様の明日を照らしていきます。
3 明日を照らすまち
仕事から離れてしまった優秀な人財を雇用し、地域の経済効果を生み出す。そんなまちをみんなでつくりあげ、地域の明日を照らしていきます。
明日を照らす灯り
Farrow
Group
CREDO
お客様と伴走し、
安心・安定的成長に
貢献する
お客様はみな叶えたい夢があり、
夢を叶えるために日々経営にあたっています。
ただ、その過程では、迷いが生じたり、
足元の石ころにつまずいたりすることもあるでしょう。
私たちは、そんなお客様の進むべき行く先を
照らす灯りでありたいと思っています。
表舞台に立つのはお客様自身です。
お客様が安定して輝き続けるために、
縁の下の力持ちの存在は不可欠です。
私たちは、その存在になるべく努力を惜しみません。
安心して活躍できる環境をつくり、そしてともに成長する。
その成長がさらなる大きな灯りとなって、
お客様の明日を照らすことが、私たちの夢であり使命です。
行動指針
1 素直・誠実・謙虚
パートナーとしてお客様に寄り添うことで、
末永い信頼関係を築きます
2 ニーズよりウィッシュを
質問を受けた際には表面的な部分ではなく、
その意図まで考えた上での対応を心がけます
3 最高の報酬
「あなたに任せて良かった」と言ってもらえるよう、
高品質で期待以上のサービスを提供します
4 感謝の心
スタッフ、お客様への感謝の心を忘れずに、
いつも笑顔で接します
5 毎日アップデート
お客様の役に立てるよう常に自己研鑽に励み、
新たな知識を身に付けていきます
6 失敗は成功のもと
変化を恐れず、積極的に新しいことにチャレンジします
7 段取り八分《はちぶ》、仕事二分《にぶ》
優先順位を意識し、正確性・合理性・スピードアップを
重視することで、余裕をもって仕事を進めます
8 情報は生もの
安心して事業活動に専念できるよう、
満足いただけるサービスを迅速に提供します
9 プロとしての誇り
常にアンテナを高く張り、
価値のある情報の収集・提供に努めます
10 お客様にあわせた言葉えらび
「自分の当たり前」は「相手の当たり前」ではないことを
意識します
11 チームプレーの徹底
仲間同士助け合いながら、チームとしてレベルアップし、
全員でお客様を最大限サポートします
12 報・連・相
「コミュニケーションはたくさん取っても、
取り過ぎることはない」という気持ちを大切にします
13 倫理感重視
法に反する行動・業務は絶対しない、
きっぱり断る勇気を持ちます
14 ともにあゆむ
お客様とともに成長し、
地域の発展に貢献しながら共存共栄を目指します
15 輝かしく働ける職場
スタッフ全員がやりがいを持ち、
安心して仕事ができる環境を作ります

図表2-7　税理士法人 Farrow Parnters のクレド中のバリュー一覧

毎日のデイリーラインナップでバリューについての話し合いをはじめ、その後、会社のクレドを利用した360度の人事評価を導入し、少しずつ事務所のオーナー化を進めていきました。福岡さんには事前に、

「事務所の理念やビジョンをはっきりとさせることには、デメリットもあります。今まで長く勤めている従業員でも、会社のビジョンに合わない人はやめる人もいます。逆に、会社のビジョンに惹《ひ》きつけられてくる人もいます」

という話をしていました。しばらく、クレドを中心として会社の経営をしていくと、やはりベテランスタッフのなかで、自分はこの会社には合わないと思って辞めていった人もいました。しかし、新しい人を採用するときには、事務所の説明会の際に、応募者に事務所のクレドカードを渡して説明するようにしたところ、福岡さんの事務所の価値観に共感する人が入社してくれるようになったのです。

3章

コーチングを活用して
オリジナル商品をつくり、
「年商1000万円」をめざす
仕組みを構築する

この章のはじめに

3章からは、オーナー型コンサルタントのコンサルティングのやり方、会社運営の進め方などについて具体的に見ていきます。

1章では、これからコンサルティングをはじめようとしている人には、まず商品をつくる必要があると説明しました。しかしコンサルティングは、形がないものだけに、商品と言われてもピンとこない人もいると思います。しかし、自分の商品がなにかがはっきりしないことには、話が先にすすみません。コンサルタントの商品とは、いったいどんなものでしょうか。ここから考えてみましょう。

1 コンサルタントの商品には「名前」と「価格」と「カリキュラム」が必要

コンサルタントの商品とは、コンサルティングサービスに〈名前〉がついていて、〈価格〉が決まっており、毎月どんなことをするのかという〈カリキュラム〉が決まっているものです。また、そのコンサルティングを受けることによって、今どんなことに困っているクライアントが、どう変わるのか、どんなメリットがあるのか、明確なメッセージがクライアントに伝わるものでなければいけません。

どんなに内容が良いサービスでも、名前と価格が決まっていないものは売れません。

とくにこれは重要なことですが、「レベル0」のコンサルタントは、これができていない人がほとんどです。コンサルタント本人の頭のなかには、自分の商品について、これくらいの値段でこんなことをしてみたい、というイメージがなんとなくあるのかもしれませんが、名前と価格とカリキュラムを目に見える形で提示できなければ、クライアントには商品の価値は伝わりません。

T社長との雑談の〝価値〟

じつは私にも、「商品に名前と価格がついていなければ、どれだけ価値があるものでも商品としては売れない」ことを実感した経験があります。

私がまだ税理士事務所に従業員として勤務していたころ、Tさんという個人事業をやっている社長がいました。私の事務所は会計業務で月額3万円もらって、私が毎月Tさんの会社に3時間行っていました。私は3時間のうちの2時間半は、Tさんから帳簿を預かって試算表を作成し、それを見ながら「先月はだいぶもうかりましたねぇ」などと話をするのですが、Tさんはまったく興味なさそうにしていました。自分1人の会社なので、いくらもうかっているかくらいは言われなくてもわかるので、そんな話には興味がないのです。残りの30分は「これからの仕事をどうするか」といった話や雑談をしていたのですが、明らかにTさんは、その残りの30分のほうに価値を感じてくれているように私には思えました。

数か月がたち、試算表をつくって会計報告をすることよりも、その後の雑談の時間にこそTさんが価値を感じてくれていると確信した私は、T社長に提案してみました。
「私はここで3時間のうち2時間半は帳簿の作成をして、残り30分でT社長とお話をしています。社長がもし事前に入力作業をしておいていただければ、T社長と私が話をする時間を1時間半に増やせますが、どうでしょうか？」

すると、T社長は次の月から自分で入力をして、私と話をする時間を増やしてくれました。やはり、過去の業績報告よりも「この後どうしていこうか」とか「今こんなことで困ってるんだけど、どうしようか」といった私との会話にはるかに価値を感じてくれていたのです。

しかし、契約書上では3万円という対価は私の会計報告に対して支払われます。T社長がそれほど価値を感じてない会計報告に対価が支払われて、価値を感じてくれている私との対話の時間には1円すら支払われません。私たち税理士の価値ってなんだろう、と私にはモヤモヤした思いがずっと残りました。

その後、私は和仁達也《わにたつや》さんの著書『年間報酬3000万円超えが10年続くコンサルタントの教科書』（かんき出版）を読み、和仁さんのセミナーを受けました。

ときここにいたってようやく、コンサルティングに名前と価格とカリキュラムがあることで、社長との相談時間がコンサルティング商品として売れると知って衝撃を受け、「なるほど！　そういうことだったのか！」と納得したのです。

私はその後独立し、経営コンサルティングを「商品」として売るようになりました。

2 コンサルタントの仕事は、社長に本当のビジョンに気づかせて「伴走してあげる」こと

コンサルタントの仕事とは、社長の本当のビジョンに気づかせて、伴走してあげることです。ところが、99％のコンサルタントはよかれと思ってアドバイスをしてしまいがちです。なぜなら、士業やコンサルタントは、「先生、教えてください」とか、「アドバイスがほしいんです」などと言われることが多いので、「そうか。社長はアドバイスしてほしいんだな」と言葉どおりに受け取ってしまいます。

しかし、その言葉を真に受けて社長にアドバイスすると、「それは前にやったことがあるんですが、うまくいかなかったんですよ」とか、「うちの業界ではちょっと」と言われて受け入れてもらえないことが多いのです。どういうことかというと、社長は口では「アドバイスしてください」と言っていても、本心では**自分で決めたことをやりたい**のです。

社長のそういう気持ちを理解していないと、「あの社長にいくらアドバイスをしても、まったく聞いてもらえない」と考えてしまいます。

中小企業の社長はアドバイスがほしいわけではないので、こちらから何か商品を提供し

たり、アドバイスするようなコンサルティングではなかなかうまく機能しません。コンサルタントとしては、社長自身に、「そうだ。自分はこれをやりたかったんだ。そのためには、こういうことをやらないといけない」と、気がついてもらうようにしなければ、その先には進めません。

3 コーチングは社長といっしょに伴走するために最も重要なスキル

中小企業の社長の課題に本当に寄り添うために、一番重要なスキルがコーチングです。コーチングのスキルを身につけると、社長自身がやりたいことに気づいて、動いてもらえるようになります。

コンサルタントがコーチングのスキルを身につけると、もう1つメリットがあります。自分のもっている商品を提案する形だと、相手がその商品を望んでいなかったら、どれだけ良い商品でも売れません。しかし、最初にコーチングをしながら社長の話を聞くことができると、相手のかかえている課題を解決するようなコンサルティングプランや、社長のビジョンを聞き出して、それを実現できるようなプランが提案できるようになります。

そうすると、相手が望んでいる商品を提案できるので、コンサルティングに価値を感じてくれ、結果的に価格も上がりやすくなります。また、顧問税理士がすでにいる会社にも、コンサルタントとして関わることができるようになり、仕事の範囲も広がります。

コンサルタントがコーチングを身につけるといいことはまだあります。

たとえば事務所のなかで、コーチングを使って従業員と接することで、従業員のやる気を引き出して、自分で考えて行動できるように促すことができるので、従業員が目標を達成する確率が上がります。また家庭内でも、コーチングを使って子供と話をすると、子供の夢の実現を手助けできます。

4 コーチングで重要なのは相手との信頼関係

コーチングをするうえでなによりも大事なのは、相手との信頼関係です。コーチングにおける信頼関係のことを「**ラポール**」※といいますが、このラポールを築くために最も大事なのは、コーチングをする相手に興味をもつこと、そして共感することです。

※ラポール（rapport）はフランス語由来の心理学用語。精神分析の研究や治療の現場では医師と患者とのあいだに信頼関係が築かれることが重要で、その際の「感情的な親密さ」をいう。

- この人は〈どんな人〉なのか？
- この人は〈物事をどうとらえて〉いるのか？
- なぜ〈こんな考え方〉をするのか？

表面に現れているところを見るだけではなく、その人が〈どんな性格〉で〈どんな考え方〉をしているか、その人の人格そのもの、その人自身に興味をもちます。

コーチングができているかどうかをチェックするために、国際コーチング連盟が出しているPCCマーカーというチェックリストがあります。コーチングをするうえでの心構えについて、相手に興味をもつこと、共感することなどのテーマで行動レベルに落とし込んだ多くの項目があります。自分の行動を振り返って見ることで、自分の心構えがきちんとできているかについてもチェックすることができるのです。

《参考》ＰＣＣマーカー　http://icfjapan.com/wp2018/wp-content/uploads/PCC_Markers_2021_ICFJ.pdf

それでは、クライアントはコーチングを受けるとき、最初にコーチのどこを見るのでしょうか？　クライアントが意識しているか否かにかかわらず、必ず最初に見ているのが

「このコーチは信頼できるかどうか？」という点です。コーチングの場では、場合によっては家族や従業員にも言えないようなことも話すので、「この人は信頼がおけそうにない」と思う人にコーチングを頼むわけがありません。

逆に「この人ならば、なにを話しても大丈夫そうだ、どんなことを話しても全部受け止めてくれそうだ」と思えるコーチだからこそ、安心してなんでも話してくれるのです。

コーチングがうまくいくかどうかは、クライアントが「この人にだったら、なんでも話せる」と思える場をつくれるかどうかで決まります。

5 まずは基本のコーチングテクニックを身につけて、実践しながらブラッシュアップしよう

コーチングを身につけようとしたときに、あまりにも多くのテクニックがあることに驚くかもしれません。たしかにコーチングのテクニックは100以上もありますので全部身につけるのは大変です。しかし、実際にはそのうちの2割くらいが使えれば、コーチングの現場で起こる8割のことはカバーできますので、最初はそれで充分です。

もちろん多くのテクニックを使えるのであれば、それにこしたことはありませんが、まずは3～5個の基本的なテクニックを身につけて、繰り返し実践するほうが、はるかにコーチングが早く上達します。まずは実践してみながら、テクニックは徐々に身につけていきましょう。

コンサルタントがコーチングをするときに重要なことは、コーチングのテクニックが上手かどうかではなく、クライアントに貢献できるかどうかです。極端な言い方をすれば、クライアントに貢献できるのであれば、テクニックはあまり知らなくてもいいのです。

クライアントが成果を出すために大切なのが、**コーチとの相性**です。

相性がよければ、多少技術的には未熟なコーチでも成果を出すことができるのが、コーチングのよいところです。

たとえば、ベテランコーチのAさんと、コーチングの勉強をはじめたばかりの新人コーチのBさんでは、一般的にはベテランコーチのAさんのほうがよいように思います。

しかし、コーチングを受けたい人が100人いた場合に、100人ともAさんのコーチングがいいかというと、そんなことはありません。スキルは多少低いかもしれないけれど、

Bさんがいいという人が必ず何人もいます。その人たちがBさんを選ぶ理由は、Bさんのほうがフィーリングが合いそうとか、年齢が近くて話がしやすそうだとか、同性のほうがいいとか、ベテランのコーチだと敷居が高そうだとか、さまざまです。これからコーチングをはじめる人は、コーチとして日々スキルをブラッシュアップしていかなければならないのはもちろんですが、「ある程度のスキルが身について自信がつくまではコーチングをしてはいけない」などと思わずに、積極的にクライアントの課題やビジョンをコーチングで聞き出し、クライアントの成功のために貢献していってほしいです。

なにか新しいことをはじめるとき、私がおすすめしているのが「まずは**10点合格**をめざそう」という考え方です。

10点満点の10点ではなく、100点満点の10点です。はじめから100点の完璧な姿をめざさずに、まずは10点とれたら合格と思って、なんでもいいからとにかくやってみよう、ということです。やってみてうまくいかなかったところは修正して、次は20点をめざせばいい。そうやって、実践を重ねながら少しずつスキルアップしていけばいいのです。

たとえうまくいかなかったとしても、それは失敗だと落ち込まずに、次にうまくいくためのフィードバックの1つだと思って何回もやってみます。

6 コーチングの場で信頼関係を築くための基本となる3つのテクニック

コーチングを行うとき、相手が初対面だと、なかなかすぐに信頼関係をつくるのは難しいものです。

ここでは、相手との信頼関係を築くために身につけてほしい基本的な3つのテクニックをご紹介します。

6-1 ミラーリング 相手の身振りを真似《まね》することで、ミラーニューロンに働きかける

ミラーリングとは、簡単に言うと「相手の視覚情報を合わせること」です。まさに鏡のように相手に合わせます。合わせるものにはさまざまなものがあります。たとえば、姿勢、表情、目線、手や足の動作。座り方やうなずき方などもそうです。ミラーリングをすることで、相手に対して「話を聞いているよ」というメッセージを自然に伝えることができ、相手に話をしてもらう環境を整えることができます。

6-2 ペーシング 声のトーンを真似することで、相手と感情を合わせることができる

話し方は人によって千差万別です。ゆっくり話す人、早口でまくし立てるように話す人、声が高い人、低い人など、さまざまな個性があります。コーチングをするときに、相手の話し方に合わせるように、自分の話すスピードと声の高さを調整します。相手がゆっくり話す人だったら、こちらもゆっくり話します。相手が早口だったら早く話します。相手の声が低めだったら、自分も少し声のトーンを下げるなど、相手に合わせようとします。

6-3 バックトラッキング 相手からイエスを引き出すことができる

バックトラッキングとは、相手が言ったことをそのまま繰り返す、いわゆるオウム返しのことです。たとえば相手が「今日お昼、中華食べたんです」と言えば、「中華を食べたんですね」と相手の言ったことを繰り返すと、相手は「そうなんです」と答えてくれます。

相手の感情に焦点をあてるバックトラッキングもあります。「新幹線から見えた富士山がきれいで、ものすごく感動したんです」「ものすごく感動されたんですね」という感じです。クライアントに対して、バックトラッキングをすることで意識して相手のイエスを引き出すことができます。

7 「コンサル病」対策 〜クライアントにやりたいことに気づいてもらうための3つのステップ〜

この章のはじめで、士業やコンサルタントは、立場上ついアドバイスをしてしまいがちだと書きました。しかし、実際アドバイスをしてみたら、クライアントがやれない理由を並べたてて、まったく受け入れてくれない、ということがよくあります。

クライアントはアドバイスをなぜ受け入れてくれないのかというと、クライアントはコンサルタントに意見を押しつけられたと感じるからです。士業やコンサルタントは、なにか有益なことを教えてくれる先生と見られているので、アドバイスをされた人は、「やらなければならない」と感じます。ところが、多くの社長はなんでも自分で決めたいと思っているので、人から命令されるのをいやがります。だからクライアントになにかアドバイスをしたいと思ったら、クライアントが押しつけられたと思わず、自分で決めてもらえるように会話を進める必要があります。

コンサルティングの現場で、クライアントからコンサルタントが意見を求められたとき、もしくはアドバイスしたくなったとき、どう対応するのかについて、2つの事例で説明します。

事例①　クライアントが押しつけられたと感じる話し方

まず、クライアントがコンサルタントに意見を押しつけられたと感じて、アドバイスを受け入れてもらえない事例を見てみましょう。

コンサルタント「今社長のお話を聞いていて思ったんですが、私が以前に関わっていた会社が同じような課題をかかえていたんです。その会社でやってみたことで、うまくいったことがあるんです。……（うまくいった事例を紹介）……同じ業種ですし、会社の規模も似ているし、きっと社長のところでやってもうまくいくと思います。一度この方法でやってみましょう」

クライアント「確かに、面白いやり方ですね。いいとは思うけど、うちの会社とはそもそも客層がぜんぜん違うので、とてもうまくいくとは思えませんね」

この場合は、コンサルタントから一方的に自分のやり方を押しつけられているようにクライアントが感じているので、たとえ内心ではコンサルタントの意見が正しいと思ったとしても、素直に受け入れたくないのです。

事例② クライアントが意見を聞いてくれる3つのステップを使った話し方

次に、クライアントがコンサルタントの意見を聞いて、自分で判断してくれるように会話を進めるための3つのステップについて説明します。

以下の3つのステップで話を進めると、クライアントはコンサルタントに意見を押しつけられたとは感じず、意見を聞いてくれるようになります。

（ステップ1）

コンサルタント「今社長のお話を聞いていて思ったんですが、私が以前に関わっていた会社が同じような課題をかかえていたんです。その会社でやってみたことで、うまくいったやり方があるんです。その話をしてもいいですか？」

クライアント「ぜひ聞いてみたいです」

【ポイント解説】 最初に、自分の意見を言っていいか、相手の許可を取ります。ここでダメと言われたらここで終わりますが、だいたいはどんな話をするのか興味をもって、「聞きたい」と言ってくれます。

（ステップ2）

コンサルタント 「……（うまくいった事例を紹介）……同じ業種ですし、会社の規模も似ているので、このやり方を社長のところに合わせた形で取り入れてみたらどうか？と私は思ったんです」

【ポイント解説】 あくまで自分の意見として端的に述べます。

（ステップ3）

コンサルタント 「今の私の話を聞いてみて、社長はどう思われましたか？」

クライアント 「なるほど、そんなやり方もあるんですね。リスクも少なそうだし、一度やってみてもいいかもしれませんね」

【ポイント解説】自分の意見を述べた後に、「今の話を聞いてみて、どう思われましたか?」と必ず相手の意見を聞きます。クライアントは、肯定的に受け止めてくれる場合もあれば、否定することもあります。こうやってクライアントの意見を聞くことで、クライアントが意見を押しつけられたと思わず、意思決定もクライアントがする状況をつくります。

(ステップ3のつづき)

コンサルタント「今そうおっしゃってみて、どれくらいしっくりきましたか?」

クライアント「8割くらいかな」

コンサルタント「社長、残りの2割ってなんですか?」

クライアント「じつは……」

【ポイント解説】このように、相手がどう思っているか、本当に納得して決断しているか、なにか引っかかることがないか、など、ていねいに聞いていきます。そうすると、最後に「じつは……」とクライアントが本音を語りはじめることがあります。

事例①では、たとえコンサルタントにそのつもりはなくても、クライアントは一方的にコンサルタントから意見を押しつけられていると感じています。いっぽう、事例②の場合は、コンサルタントはクライアントに自分の意見を言っていいか許可を取ってから、自分の意見を述べ、その意見についてクライアントがどう思ったかを確認しています。クライアントから見たら、コンサルタントは自分が考えつかなかった選択肢を新しく1つ増やしてくれています。その選択肢を選ぶかどうかを決めるのは、あくまでもクライアントです。

ここまで紹介してきたように、クライアントにアドバイスをするときは、この3つのステップを順番にやっていきます。

ステップ1　相手に自分の意見を言っていいかどうかの許可を取る
ステップ2　あくまで自分の意見として伝える
ステップ3　その意見について相手がどう思ったかを確認する

「許可を取ってから、自分の意見を述べ、相手の意見を確認する」という3つのステップは、クライアントにアドバイスをするときだけでなく、事務所でスタッフにアドバイスするときにも使えます。

8 クライアントに成果を出してもらうために「大人の宿題」をうまく活用する

コーチングで最も大事なのは、じつは、コーチングをしている時間ではなくて、**コーチングと次のコーチングのあいだの時間**と言うと驚かれるでしょうか。

たとえば、10月1日にコーチングをやって、次のコーチングが1か月後だとします。この2回のコーチングでなにを話すかより、1回目と2回目のコーチングのあいだの1か月間にクライアントがどんな取り組みをするかで、クライアントの得られる成果が違ってきます。この期間をうまく活用するために、コーチはクライアントに次のコーチングまでの1か月間になにをするかを決めてもらいます。

これを私は「大人の宿題」と呼んでいます。相手が大人なので、こちらから強制的に宿題をやらせようと思っても、クライアントがやるとは限りません。

クライアントがやりたくなるようにコーチがどういうふうに仕向けるか？　ここが一番

重要で、コーチの腕の見せどころです。

クライアントがやる気が出るのは、どんなときでしょうか？

それは、コーチがクライアントのことを気にかけているということが、クライアントに伝わるときです。

「先生が自分のことを気にかけてくれている」「先生が自分が言ったことを覚えてくれている」と思ってもらう。そう思ってもらうためには、コーチングとコーチングのあいだに、ときどき宿題の状況を聞きます。「今どこまでできていますか？」「なにか困ってること、ありませんか？」「なにかつまずいているところはありませんか？」などと聞くことで、クライアントは「やらないといけない」とか、「自分の言ったことを覚えていてくれるんだ。頑張ってやろう」と思うようになります。

コーチングの最後に、大人の宿題を決めるだけではなく、その後もときどき相手のことを考えて様子を聞いてみます。クライアントに「先生も自分のことを気にかけてくれているから、自分も頑張ろう」といかに思ってもらえるかどうかで、クライアントの成果が違ってきます。

9 コーチングで課題を聞き、どんなコンサルティング提案をするのか？

最後に、私の事例で、コーチングでクライアントの課題を聞いた後で、どんなコンサルティングを提案したかをご紹介します。

Hさんは従業員が数名の税理士事務所の所長です。人事評価制度がうまくまわっていないことと、賞与を毎回当たり前のようにみんなに払っているが、それをやめてルールを決めて、頑張った人にちゃんと払えるようにしたいというので、相談を受けました。

事務所の状況やHさんの考えについてヒアリングをした後、私がHさんに提案したのが、図表3－1のコンサルティングプランです。

まず事務所のクレド（理念、ビジョン、バリュー）をつくり、社内で浸透をすすめ、そのクレドに連動させた人事評価制度をつくって運用し、賞与もその制度に沿って払うようにする、という内容です。

このプランに沿って、まず事務所のクレドをつくり、デイリーラインナップなどクレドの浸透に取り組みました。その過程で、事務所の理念やビジョンに合わない従業員は会社

デザイン	**カードデザインの検討** いくつものカード見本を元に、御社に合ったカードデザインを提案いたします。 必要であれば、印刷業者も紹介いたします。
施策	**浸透施策のやり方とあり方の検討** これまでお手伝いしたクライアントで効果的だった「浸透施策」を、紹介しながら、浸透レベルに応じて御社でどのように運用していくかを検討いたします。
完成	**バリュー完成ミーティング** バリューが完成したタイミングが最もビジョンが浸透するタイミングです。 あべきが講師となって浸透のためのミーティングを行います（1.5 時間）。
1月 デイリー	**デイリーラインナップのデモンストレーション（1ヶ月間）** バリューの浸透に必要なのは、バリューのことを考える絶対的な時間です。デイリーラインナップの具体的なやり方を紹介しながら、実際に、社長に代わってデイリーラインナップをリードします。
1回 MTG	**バリューミーティング（ファシリテーション 1 回）** バリューを浸透させるための施策にバリューミーティングがあります。毎月 or 2 ヶ月に一度など、定期的に開催することが望ましいのですが、このバリューミーティングを社長に代わってファシリテーションを行います（1.5 時間）。
トーク	**トークスクリプトの作成** 電話サポートや営業トークなど、社長や社内で一部の優秀な人しかできない話法について、バリューを基にしてスクリプト（台本）を作成し、研修を行って水平展開するお手伝いをいたします（2 時間×3 ヶ月）。
4回 研修	**コミュニケーション能力を高める社内研修の実施** バリューを浸透させるためにはコミュニケーション能力の向上が必須です。そこで、NLP やコーチングのノウハウ、知識を活用した研修を開催します（1.5 時間×4 回）。 （研修の例）ラポールの築き方／顧客のタイプ分けとタイプに応じたトーク話法／フィードバックの種類と活用方法／コーチ型マネジメント／会議をマネジメントする
評価	**人事評価制度の導入** 御社の現状の給与体系をスムーズにバリューを基にした人事評価制度を御社に導入するためのお手伝いをいたします（社内説明会／制度設計／リード）。
発表	**経営計画発表会** 社長のアクションプランを社内に浸透させるために、定期的に開催する経営計画発表会の企画、運営、司会を行います。年度行事にすることで行動計画が加速します。

図表3-1　クレドの作成・浸透、人事評価制度の導入等の
コンサルティングの提案書

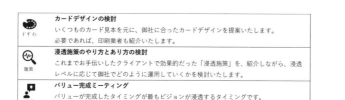

令和2年11月29日

H会計事務所 御中

株式会社オフィスEMP

理念浸透コンサルティングの今後についてご提案

御社の理念の浸透をお手伝いさせていただくために、いくつかのプランをご用意いたしました。

プラン	標準期間[1]	サポート内容
プレミアムプラン	12ヶ月	整理 デザイン 施策 完成 デイリー 9月 MTG 9回 トーク 研修 4回 評価 発表
スタンダードプラン	6ヶ月	整理 デザイン 施策 完成 デイリー 4月 MTG 4回 トーク
ライトプラン	3ヶ月	整理 デザイン 施策 完成 デイリー 1月 MTG 1回

【内容】

ライトプラン（○万円[2]・△万円/月）

クレドの策定を主な内容にし、浸透については基本的なサポートに留めます。

主に、ご自身で試行錯誤を行いながら理念を浸透させていきたいという方向け。

スタンダードプラン（●万円・▲万円/月）

ライトプランから一歩進んで、浸透をお手伝いさせていただきながら、さらには理念をセールスや顧客対応へ応用できるようにしたプランです。

理念を活用しながら、セールスの成約率を高めたい。サポートの品質を高いレベルで平準化させたいという要望が多かったため、スタンダードプランとしてメニュー化しました。

御社の経営理念をあべきの力を借りながら、効率よく浸透させて業務にうまく活用していきたいという方におすすめです。

プレミアムプラン（◎万円・▽万円/月）

スタンダードプランに加え、コミュニケーション能力を飛躍的に高めるための社員向けのセミナーを内容に含めました。さらに、理念を確実に浸透させるために人事評価制度に連動させるお手伝いをいたします。

クレドの作成を機会に、一気にバリューを浸透させていきたいと考える積極的な経営者におすすめです。

＜アイコンの説明＞

整理	**社員からのバリューの整理** パリュー説明会を元に提出いただいたバリューを、会社のバリューとして完成させます。あくまで社員からのバリューを基にしつつも、会社のビジョン・ミッションに紐付けることで、会社からの押しつけではない、社員が自分事として捉えられるためのお手伝いをいたします。

[1] コンサルティングは月に1回、約4時間です。

[2] 報酬の他に、消費税及び宿泊費を除く往復の交通費を請求させていただきます。コンサルティング期間は、進行具合に応じて、もしくはご要望に応じ1〜2ヶ月ほど延長する可能性があります。その際は許可を得た上で月割の金額で請求させていただきます（例：スタンダードプランなら20万円）。

を離れ、逆にビジョンに共感してくれる人が入ってくるようになりました。また、クレドをもとにした〈360度の人事制度〉をつくり、それを少しずつ導入、運用していきました。

人事評価とは「この会社でどういう人材に育ってほしいか」という指標であり、ガイドラインです。そのことを従業員が理解してくれて、さらに従業員自身が「私はこの会社で頑張る」と思うようになったことで、本人の目標と会社が望んでいることがリンクするようになりました。

コーチングを学んだHさんが、従業員との面談でコーチングを活用するようになったこともあり、社内の雰囲気や風通しがいっそうよくなりました。面談のときに、「うちの事務所ではこんな仕事ができるけれども、どんなことをしたい？」と聞くことで、従業員のモチベーションも上がりました。従業員が「私はここで頑張りたい」と言えるようになり、本人の目標と会社の望んでいることがリンクするようになったのです。

360度の人事評価制度を入れたことによって、Hさん自身も、人事評価をしなくて済むようになり、ほかの仕事に使える時間が増えました。制度に従って評価もほぼ自動でできるので、従業員から見ても人事評価の公平性が増し、そのため従業員の満足度も上がりました。

《参考》コーチングを身につけるために、私がお勧めするコーチングの本3冊

・コーチ・エィ著／鈴木義幸 監修
『この1冊ですべてわかる 新版 コーチングの基本』
（日本実業出版社／2019年）

・鈴木義幸 著
『図解 コーチング流 タイプ分けを知ってアプローチするとうまくいく』
（ディスカヴァー・トゥエンティワン／2006年）

・山崎啓支 著
『NLPで最高の能力が目覚める コーチングハンドブック 知識と経験を最大化するセンスの磨き方』
（日本能率協会マネジメントセンター／2016年）

4章

売り込まない顧客獲得法を身につけて、「安定して年商2000万円」を実現する

この章のはじめに

約9割の士業やコンサルタントは、紹介だけでクライアントを増やしています。

紹介はクライアントを増やすには最も信頼ができる方法ですが、それだけに頼っていては自分の思うように売上を伸ばすのは難しいです。下手をしたら、値引きをしてほしいなどと、紹介者に毎回言われてしまいます。そういうことがあっても、紹介者の言うことなら受け入れざるを得ない、といった状況にもなりかねません。

この章では、売り込まない顧客の獲得方法を紹介します。

1 紹介は最も信頼できる顧客獲得方法だが、それだけに頼るのは危険

紹介でクライアントが増えるのはとてもいいことですが、このときに気をつけないといけないことは、「紹介でクライアントが増えるのは、コンサルタントがクライアントから信頼されているからではない」と知っておくことです。

新しくクライアントになる人からみれば、コンサルタントの実力なんてまったくわかりません。しかし、「信頼する○○さんが紹介する先生なら間違いないだろう」と、紹介者を信用して、コンサルティング契約を結んでくれるのです。そこを理解しておかないと、異業種交流会ではじめて会った人や、商工会議所のセミナーを受講した人が、なかなかクライアントになってくれないのはなぜだろう？　ということになりかねません。

税理士の世界では最近、紹介会社を通してのクライアント紹介がはやっています。

しかし、紹介会社から紹介された人が全員クライアントになるわけではありません。実際ことわられることもよくあります。

多くの税理士は、ことわられるとがっかりして「紹介会社はやはりあてにならない」と思ってしまいます。しかし、クライアントがことわるのは、決して紹介会社が悪いからではありません。税理士にセールススキルがないと、せっかく見込み顧客を紹介してもらっても、面談したときに自分のサービスの価値を伝えることができませんし、その人のニーズを満たせるような提案もできず、結果的にことわられるのです。税理士にとっても、紹介会社に紹介を頼んだ人にとっても、残念なことです。

知人の紹介と、紹介会社の紹介、両者はなにが違うのでしょうか？

それは、見込み顧客が税理士に対してもっている信頼度がまったく違うのです。

一度、自分がなにかの商品やサービスを新しく買おうと思うときのことを考えてみてください。親しい友人が勧めるものと、ネットの口コミで知らない人がよいと言っているもの、どちらを信頼するでしょうか？　ほとんどの人は信頼する友人が勧めるものを選ぶのではないでしょうか。

知人の紹介と紹介会社の違いもこれと同じです。税理士を探している社長は、自分が信頼している知人が紹介してくれた税理士のことは、たとえその税理士のことをまったく知らなくても信用します。しかし、紹介会社から紹介された税理士のことも同じように信頼するかというと、そんなことはありません。

紹介会社を通してはじめて会った見込み顧客がクライアントにならないのは、紹介会社が悪いからではなく、税理士の側が、紹介された人に対して、納得できるような提案ができていないからです。逆に、セールススキルがある税理士であれば、見込み顧客の課題を聞き出して、ニーズにあった提案ができるので、はじめて会った人でもクライアントになるのです。

2 集客を頑張るよりも、まずセールススキルを身につける

クライアントの数は「**①見込み顧客の数×②成約率**」で表すことができます。

新規のクライアントを増やしたいときにすべきことは、①集客を頑張って見込み顧客を増やすことと、②セールススキルを上げて成約率を高くすることですが、まずセールスのスキルを上げることからはじめましょう。多くの見込み顧客に会うのは、セールスができるようになってからでかまいません。

なぜかというと、たとえ見込み顧客が多く集まっても、成約率が低いと、なかなかクライアントが増えないからです。たとえば成約率10%だとすると、見込み顧客10人にセールスをしても、クライアントになるのは1人だけで、ほかの9人にはことわられます。

セールスをして9人に次々とことわられ続けたら、精神的に相当ダメージを受けます。とくに、セールスに慣れていないときは、一度ことわられただけでもかなり落ち込みます。ことわられて凹《へこ》んで、気をとり直してセールスをしてもまたことわられて……と、ことわられることが続くと、精神的につらくなります。しかも、私もそうでしたが、セールス

に慣れていないと、セールスでことわられたら、自分の人格を全部否定されたように感じるので、ものすごく気が滅入《めい》ります。

しかし、見込み顧客が税理士の提案をことわるのは、その税理士のことを信用していないからでも、嫌いだからでもありません。提案されたサービス内容が自分のほしいものではないとか、税理士が自分のサービスの価値を伝えきれていないのでことわられているだけです。そうはいっても何回もことわられ続けると、自分のことを否定されたように思って落ち込みます。

逆に成約率が50％を超えていたら、どうでしょう？　確率的にはわずか2人の見込み顧客にセールスをするだけで、そのうち1人がクライアントになるのです。

クライアントが増えると年商も増えるので、ますますセールスが楽しくなって、前向きにセールスをするようになり、またクライアントが増えて、と、どんどんよい方向に進んでいきます。また、セールススキルも上がるので、紹介会社を通してはじめて会う見込み顧客に対しても、相手の課題が解決できるような提案をして、成約できるようになります。

私がまず集客を頑張るよりも、セールスのスキルを身につけるのが先だと言うのは、こういう理由からです。

3 心理学を応用して台本をつくり、セールスのPDCAをまわす

セールススキルを高めようとしたときに、やってはいけないのが、行き当たりばったりにセールスをすることです。しかし、残念なことに、場当たり的にセールスをやっている人のほうが圧倒的に多いのです。セールスは、PDCAのサイクルをまわしながら何回もやることで必ず上達します。とくに、はじめのうちは〝振り返り〟をしないことには、なぜうまくいったか、なぜうまくいかなかったかがわからず、次に向けての改善のしようがありません。

たまたまうまくいって、成約することもあるかもしれませんが、それでは再現性がありません。そのためにも、まずどういう流れで話をするかを大まかに決めて、セールスの台本をつくります（計画《プラン》＝P）。台本をつくった後は、実際にセールスをして（実行《ドゥー》＝D）、その後で自分のセールスを振り返って（検討《チェック》＝C）、次回に向けて改善《アクション》（＝A）するというPDCAをまわし続けることです。セールスの台本のつくり方はこの章の最後でご紹介します。

4 自分のセールストークを3回録音して練習するだけで、成約率は一気に高まる

セールストークのPDCAをまわすためにはセールストークの録音が必須です。ICレコーダーでもスマホでもいいので、はじめのうちは、毎回自分のセールストークを録音して聞き直します。やりっぱなしで、どこがよくてどこが悪いかを検証しないことには、たとえ売れたとしても、なにがよくて売れたのかもわかりません。

とくに、うまくいかなかったときのセールストークこそ貴重です。しっかり聞いて、どこが悪かったのか原因を考えてみます。これはものすごく効果があります。

うまくいかなかったときのセールストークを聞き直すのは、正直なところかなりつらい作業です。「あのときなんであんなこと言ってしまったんだろう」と落ち込みます。

しかし、うまくいったセールストークを聞くより、失敗したセールストークを聞き直すほうが、はるかに得るものは大きいです。3回ぶんだけでよいので失敗したセールストークを聞いて、うまくいかなかった点を分析します。そして、どうすればうまくいくかを考えて、次のセールスで試してみる。これを繰り返します。

もちろん、セールスをするときに「録音していいですか」などと聞くと警戒されますので、レコーダーは胸ポケットやカバンのなかにこっそり入れて録音します。とはいっても、ご存じのように、コンサルティングには守秘義務がありますので、録音したセールストークは、練習のために聞いた後はすぐに消しましょう。

自分のセールストークを録音して聞いている人は、おそらく100人に1人いるかいないかでしょう。やったほうがいいとわかっていても、やらない人が多いのです。

うまくいかなかったセールストークを聞くのはつらいですが、そのイヤな気持ちを乗り越えて、トークを聞いてPDCAをまわして練習し続けることで、成約率が上がり、クライアントが増やせるようになり、コンサルタントのトップ1％に入れます。

5 売り込むのではなく、お客様に「ほしい」と言ってもらうテクニックを身につける

セールスをするときにも、コーチングのスキルが大いに活用できます。3章でお伝えした、ミラーリング、ペーシング、バックトラッキングのテクニックを使って、相手に共感

して、今困っていることや課題に思っていることについて、ていねいに聞いていきます。話を聞いているうちに、相手に「この人の話だったら1回聞いてみようかな」と思ってもらえるようになれば、しめたもの。成約率が一気に上がります。こちらから売り込まなくても、「このサービスがほしいです。先生これいくらですか?」と相手から聞いてくれるようになります。

コーチングは単独で自分の商品にもなりますし、コーチングが使えるようになるとセールスでも使えるので、コーチングを身につけると応用範囲が広がります。

6 売り込まない顧客獲得の台本をつくる

士業やコンサルタントの場合は、顧客獲得型のセミナーを実施した後に、無料相談や体験セッションなどに申し込んでもらい、来てくれた見込み顧客に対して、有償のコンサルティングや連続講座など、提供したい商品を提案する形が一般的です。

ここでは無料相談後に行うセールスで、どのような台本をつくればいいか、セールストークのポイントについて、くわしく説明します。セールスの提案トークは「科学」だ、ということを理解してください。

台本のコツ① 有償提案を正しく伝えることで自分のハードルを下げる

セールスに慣れないうちは、有償でのサービスの提案をすることが心理的な負担になります。そうすると、緊張して早口になり、セールスがうまくいきません。相談に乗っている最中にも、その後のセールスのことが気になって、目の前の人に集中できない、なんてことも起こりかねません。

それを防ぐためには、相談に入る前に、

「○○さんのお話をうかがった後で、もし、専門家である私の立場から提案したほうがいいと判断したことがあれば、有償でのサービスを提案させていただくことがありますが、かまいませんよね？」

と、最初にサラリと言っておきましょう。最初にこう言っておくことで、相談を受けている最中に、「この後、有償の提案をしなければいけない」と緊張して心臓がドキドキすることがなくなり、集中して話を聞くことができます。

台本のコツ② 見込み顧客の悩みを聞き、そのまま放置したときの未来を確認する

実際に見込み顧客の相談を受けながら、現在どんなことに悩んでいるのか、悩みの本質がなんなのかを確認します。相談に来る人のなかには、なんとなく不安に思っているけれども、なにが不安なのかわかっていない人も意外に多くいます。また、本人が問題と思っていることとは別のところに、本当の問題が隠されている場合もあります。コーチングをして、今相手がかかえている本質的な課題がなんなのかを聞き出します。

見込み顧客がかかえている本質的な悩みや課題が特定できたら、その課題を解決できないままで放っておいたら、半年後あるいは1年後にどうなるかについて考えてもらいます。私たちは今ある問題を軽視して、将来はなんとかなるんじゃないかと楽観的に考えがちです。ここで見込み顧客が起こってほしくない未来像をはっきりと思い描くことで、このまま放っておいたら大ごとになると気づき、あなたのサービスに対する必要性を感じるようになります。

台本のコツ③ 理想の未来を確認後、理想の未来が実現した先を確認する

見込み顧客に、起こりうる最悪のシナリオを考えてもらった後に、本当は将来はどう

なっていたいかについて考えてもらいます。あまり遠い未来は考えられないという人もいるので、半年後や1年後の将来を考えてもらうのがいいでしょう。

たとえば、理想の未来が実現したときに、自分の人生はどうなっているのか、どんな気持ちになるか、まわりにはだれがいてどんな反応をしているのか、会社はどうなっているのか、自分のまわりにどんなよい影響を与えているのかなど、くわしく聞いていきます。

さらに、半年後あるいは1年後にその理想の未来を実現した後には、どんな未来が開けるかについても想像してもらいます。

台本のコツ④ クロージングは「買ってもらう」ではなく「一歩前に行動させる」こと

「これで終了します」と、相談の終了を伝え、相談してみた結果、どんな気づきがあったか、相談をしてみてどんなことを思ったかなど、本人が気がついたことを2つか3つ言ってもらいます。

このように、本人に気づいたことを言葉にしてもらうことで、この相談には価値があったし、相談中に描いた将来の姿を絶対に実現したいと思ってもらうのです。

ここまできたら、ラポールを保ちながら、「私のサービスを紹介してもよろしいですか？」ともう一度相手に有償のサービスの提案をする許可を求め、「はい」と言われたら自分のサービスを説明します。

サービスを説明するうえでのポイントは、自分のサービスを継続して受けてもらうことで、先ほど描いた将来の姿に早く近づけることや、そのほかに得られる効果を具体的に説明し、「自分もそんな将来をぜひ手に入れたい」と思ってもらうことです。

さらに、具体的なイメージをもってもらうために自分のクライアントの事例や、自分の知っている事例を紹介してもいいでしょう。

台本のコツ⑤ 「検討します」には、手伝えることがないか、いっしょに考えてあげる

見込み顧客に対して、自分のサービスの内容の説明が終わり、具体的なイメージを描いてもらえたら、価格を伝えます。

今まで将来の絵を描いて、こんな未来が手に入ったらいいなと思っていた人も、いざお金を払うとなると、とたんに現実にもどります。

「効果があるかどうかがわからない」

「高い」

「今は目の前のことで忙しいので、時間ができてから」などと言って、結局「検討します」と、その場では契約にならないケースもあります。そのような場合は、それぞれのケースに応じて、なにか手伝えることがないか、いっしょになって考えます。

たとえば、「効果が出るかどうかがわからない」と言われた場合、私はお客様の不安を取り除くために、「私も本気でお手伝いしますので、もし3か月たって効果がないと思われるときには全額を返金いたします」と、全額返金サービスを提案することもあります。

台本のコツ⑥ 連絡できる手段を確保し、相手の決断がうやむやになるのを防ぐ

セールスをしていると、どうしても相手がその場で決められなくて、「検討します」「パートナーと相談します」「経営会議にかけます」などの理由で決断が持ち込されることもよくあります。そういうとき、「ご連絡をお待ちしています」と伝えて待っていても、相手からの連絡はまず来ません。ですので、こちらから連絡できるようにしておきます。

たとえば、有効期限を10日と決めて、見積書を渡して10日後にこちらから連絡することをあらかじめ相手に伝えておきます。

このように10日たったら相手に確認を入れられる仕組みをつくっておくことで、こちらから連絡しやすくなります。相手から連絡が来るのを待つのではなく、必ず自分から連絡できるようにしておきましょう。

本章の最後に、セールスをするときに一番大事なことをお伝えします。それは、自分のサービスの価値について、「絶対に良いサービスだ」と自分が確信していることです。契約は、相手の将来のために背中を押してあげることです。セールスが苦手、慣れていないからと言って、自分の不安を理由に、相手が成長し大きく変われるせっかくのチャンスを奪ってはいけません。

5章

セミナーを軸に マーケティングを活用して 「年商3000万円」をめざす

——この章のはじめに

士業やコンサルタントが紹介に頼らずにクライアントを増やす方法としては、顧客獲得型セミナーを開催して、来てくれた人にセールスをして、クライアントになってもらうのが一般的です。定期的にクライアントを増やすためには、1～2か月に1回程度は定期的にセミナーを開催する必要があり、そのためは、**見込み顧客のリスト**が必要です。

しかし「見込み顧客」の定義が明確になっていない人がとても多いようです。見込み顧客の定義がはっきりしないと、だれを集めればよいのかがわかりません。

「見込み顧客」とは、その人の名前やメールアドレスなどの個人情報を知っていて、こちらから情報提供ができる人のことです。逆に、相手は自分のことを知っているけれども、自分がその人の個人情報を知らない人のことを「**潜在顧客**」といいます。この見込み顧客が一定の人数いないと、商工会議所や保険会社など、外部のほかの人たちに集客をしてもらわないとセミナーが開催できません。

しかし、自分の見込み顧客リストがあると、自分に都合のよいタイミングで、セミナーの案内を送れますし、定期的にセミナーを開催することができるので、年商3000万円を達成しやすくなります。200人くらいの顧客リストがあれば、メールマガジンを送ってセミナーの集客ができるようになります。年商3000万円をめざすのなら、まず**200人の見込み顧客リストをつくる**ことからはじめてみましょう。

少し前までは、見込み顧客リストには名前のほかに、会社名、住所、電話番号等が必須でしたが、今は名前とメールアドレスさえ知っていれば、メールで「こんな内容のセミナーをやります」と案内を送れるようになりました。便利な世のなかになったものです。

1 見込み顧客にメルマガを配信して価値教育をしつつ、セミナーのオファーをする

見込み顧客にこちらから情報を送るツールはいろいろとあります。

たとえば、Twitter やFacebook、インスタグラム、LINEといったSNS、メルマガ、あるいはアナログではファクスや電話やDMなどなどがあります。このなかで私が一番有効だと思っているのがメルマガです。

なぜメルマガが一番有効なのでしょうか？

それは、デジタルツールのなかで、メルマガの顧客リストは唯一こちらで管理ができるリストだからです。

TwitterやFacebookなどのSNSは、もしもアカウントが停止されたら、一気に顧客リストがなくなります。LINE公式のような有料のサービスは、値段が上がったり、配信できる回数が減ったりすることもあります。TwitterやFacebookなど多くのSNSでは、選択権が運営会社にあって自分にないのです。

たとえ100万件のリストをもっているとしても、一気に消えるかもしれないというリスクとつねに隣り合わせです。

いっぽう、メルマガは一部の会社を除いては自分ですべてを管理できます。その点から、顧客管理をしながら定期的に情報をオファーするツールとしては、メルマガが一番有効だと私は考えています。

なるほど！耳寄りコラム①「売り物より大事な大福帳」

江戸時代、江戸の町では多くの火災が起こりました。高価な帯や着物を扱う呉服屋さんが、火事になったときに、最初に持って逃げるのはなんだったと思いますか？

じつは、高価な着物でも帯でもなく、大福帳、つまり当時の顧客リストでした。商品は焼けても買うことができますが、大福帳がなくなったら二度と手に入れることができません。だから、なによりも先に持ち出すのが大福帳だったのです。江戸時代の人も顧客リストがいかに大事かということを知っていたのです。

定期的に見込み顧客にメルマガでセミナーの情報を提供することで、毎月あるいは2か月に1回ぐらいは定期的にセミナーが開催できるようになります。

メルマガを出す頻度は、売上には直接は関係しないので、毎日出してもいいですし、週に1~2回でもかまいません。

ただし、メルマガを出す目的の1つは、自分のことを相手に覚えておいてもらうことなので、最低でも月に2回は出したほうがよいでしょう。

メルマガで一番大事なことは、**お客様に自分のことを知ってもらうこと**です。メルマガでは、自分の考え方や価値観、世界観、あるいは自分の商品の価値を伝え、見込み顧客が共感し、その商品をほしいと思うような内容のメルマガにします。

メルマガでは、セミナーだけではなく、書籍や動画セミナーなどの商材を売ることもできます。とはいっても、あまり商品のオファーばかりすると、迷惑メール扱いされて、解除される確率が上がります。どれぐらいの頻度で商品のオファーを入れればいいのかを試行錯誤しながら、最適な頻度を見つけましょう。

2 継続してセミナーを開催するために、見込み顧客の情報を手に入れる

見込み顧客のリストを集める方法はいくつもありますが、ここでは3つ紹介します。

①実際に会った人と名刺交換する
②顧客リストをもっている知人にメールセミナー、動画セミナー等を紹介してもらう
③ランディングページ（LP）を作成して有料広告を出す

①実際に会った人と名刺交換する

1つめは、セミナーや交流会などで名刺交換をした人に、メルマガの読者になってもらうことです。もちろん勝手にメルマガを送りつけてはいけませんので、名刺交換をしたときに、「私はメルマガをやっているんですが、○○さんにも送っていいですか？」と、ひと言ことわってから送ります。

初対面の人に「メルマガを送っていいですか？」と言いにくい場合は、自分の名刺にメルマガ登録用のQRコードを印刷しておいて「よかったら私のメルマガに登録してくださ

い」と伝えてもいいでしょう。この方法は、それほど手間もコストもかかりませんが、多くの人に会って名刺を集めるのに時間がかかりますので、急にはリストが増えません。

② 顧客リストをもっている知人にメールセミナー、動画セミナー等を紹介してもらう

2つめは、読者の役に立つメールセミナーや動画セミナーをつくって、「このメールセミナー（あるいは動画セミナー）を知り合いの人に紹介してくれませんか？」と、友人や知り合いに頼む方法です。

たとえば税理士であれば、「銀行がお金を貸したくなる事業計画書の書き方」とか「税理士を活用して業績を3倍にする方法」など、読者が知りたいと思うようなタイトルで3本から5本のメールセミナーや動画セミナーをつくります。すると紹介者にとっても「自分の友人が銀行の融資を受けたいと思っているから、紹介してみよう」と紹介しやすくなります。

このとき気をつけてほしいのは、紹介してくれる人に負担がかからないようにすることです。具体的には、メールセミナーや動画セミナーの紹介文はこちらでつくって、それを送ればいいという状態にしておくことです。

メルマガの読者の集め方	手間	コスト	効果
①実際に名刺交換をした人にご案内を送る	すこし △ かかる	まったく ◎ かからない	あまり期待 × できない
②メール（動画）セミナーを紹介してもらう	かなり × かかる	さほど ○ かからない	そこそこ ○ 見込める
③ランディングページを作成して、有料広告を出す	さほど ○ かからない	それなりに × かかる	そこそこ ○ 見込める

図表5-1　メルマガの読者の集め方とその特徴

この方法はメールセミナーや動画セミナーをつくるのに手間がかかりますが、紹介者がSNSやメルマガなどで紹介してくれると、メルマガの登録者が一定数集まります。

③ランディングページ（LP）を作成して有料広告を出す

3つめは、LP《ランディングページ》を作成して、Facebookなどに有料広告を出す方法です。多くの人に見てもらえるので、よいLPをつくることができると、メルマガの登録者数が一気に増えます。

短期間に登録者を増やすことができるので、たとえばメールアドレス100件をなるべく早く手に入れたいといった場合には、この方法が最も効果的です。

デメリットは有料広告なので、お金がかかること。しかも、ここ数年間でどんどんリスト単価（1つのメールアドレスを獲得するためにかかる料金）が上がってきています。

ここにあげた以外にも、顧客リストをもっている人とジョイントベンチャーをするなど、いろいろな方法がありますので、自分に合う方法を探してみてください。

3 「情報提供」型セミナーと「顧客獲得」型セミナーの2種類のセミナーを使い分ける

顧客リストが集まれば、メルマガで案内を出して定期的にセミナーを開催します。セミナーには「情報提供」型のセミナーと「顧客獲得」型のセミナーの2種類あり、両者はまったく性質が違います。この2つの違いを意識せずにセミナーをすると、「こんなはずじゃなかったのに」となってしまいます。情報提供型のセミナーと顧客獲得側のセミナーは、最終的に売りたい商品とキャッシュポイント（お金が入ってくるタイミング）がまったく違うのです。

情報提供型のセミナーは情報や知識を提供すること自体が目的で、セミナーそのものが売りたい商品です。講師の収入は、セミナーの受講料です。たとえば、セミナーの参加費が3万円なら、参加者が10人であれば30万円、100人であれば300万円が講師の収入になります。商工会議所など外部に頼まれて講師としてセミナーをする場合も、情報提供型のセミナーをすることになり、講師料として受け取る金額が講師の収入です。情報提供型のセミナーでは、セミナーの受講料や講師料が入るときがキャッシュポイントとなります。

いっぽう、顧客獲得型のセミナーは、プレセミナーやフロントセミナーとも呼ばれており、セミナーの参加者に、コンサルティングや顧問契約、連続講座など、セミナーのバックエンドにある商品やサービスを買ってもらうために、商品紹介をすることが目的です。自分の商品やサービスを知ってもらうために、できるだけ多くの人に来てもらいたいので、セミナーの参加費は3000〜5000円程度です。したがって顧客獲得型のセミナーでは、セミナーからの収入はほとんど得られず、セミナーの参加者がバックエンドの商品を買ってくれたときに収入が得られます。メルマガで案内をするのは、この顧客獲得型のセミナーになります。

士業やコンサルタントのなかには、情報提供型セミナーと顧客獲得型セミナーがあることは知っていても、2つのセミナーの目的が違うことをはっきりとは意識していない人や、目的が違うとは知っていても、同じテーマのセミナーで目的によって構成をどう変えなければならないかがわかってない人も多いように思います。

情報提供型セミナーと顧客獲得型セミナーの違いを意識せずに、顧客獲得型のセミナーをやろうとしたときに、よくやる失敗があります。それは、バックエンドの商品を買ってもらいたいと思っているのに、**バックエンドの商品の内容を話しすぎること**です。

受講した参加者は「よい話を聞いたので、自分でやってみます」となって、バックエンドの商品が売れません。バックエンドの商品が売れないと、「もっと情報提供をしなければいけない」と思って、またセミナーで情報提供をします。すればするほど、売りたい商品が売れなくなる、という悪循環になります。

顧客獲得型のセミナーで一番重要なポイントは、「参加者がその商品を買うことで得られる未来が、参加者にどれだけ具体的に伝わるか」です。「なんとなくよくなりそうだな」といったぼんやりしたものではなく、「私の未来はこうなるんだ」というワクワクするような未来の姿が、はっきりと参加者の頭のなかに描けることです。

しかし、セミナーでたんに知識や情報を提供するだけでは、参加者にはバラ色の未来は見えないので、「よくわからないけど、よい話を聞いたから、自分でやってみます」となるのです。その商品を買うことで、参加者かどうなるのか、参加者が、「自分も絶対こんなふうになりたい」と思えるような未来の像をはっきりと見せられるように、セミナーの設計をしているかどうか？　これが、顧客獲得型のセミナーで最も重要な点です。

そのために顧客獲得型のセミナーでは、バックエンドの商品のコンテンツのなかで最も重要なもの1つにしぼって、ていねいに説明し、

「これをみなさんの事務所で実行すると効果がありますので、やってみてください」

と伝えます。

参加者が、「よい話を聞いたから、ぜひうちの事務所でやってみよう」と内容に満足して、「これだったら、ほかのコンテンツもぜひ聞いてみたい」と思ってもらうのがポイントです。

以上をまとめると、顧客獲得型のセミナーを設計するときに重要なポイントは次の2点です。

①参加者に、あなたの商品を買った後のバラ色の未来をはっきり見せられているか？
②あなたの商品の最も重要なコンテンツを、出し惜しみせずに提供しているか？

4 セミナーの実績をつくるためには、まず有償で勉強会を企画する

そうは言っても、セミナーを今までやったことがない人にとっては、セミナーをすることに抵抗がある人も多いでしょう。「セミナーで私の話を聞くために時間とお金を使ってもらうなんて申し訳ない」と躊躇《ちゅうちょ》するのです。私も最初にセミナーをしたときはそうでしたから、その気持ちはよくわかります。でも、思い切ってやってみると、まわりには自分が思っている以上に感謝されますし、参加者の満足度も高いことが多い。だから、ぜひ勇気を出してやってみてください。

セミナーをはじめてやろうとするときに一番のおすすめは、仲間をさそって勉強会をやることです。自分が講師になって教えるのではなく、「このあいだのセミナーの〝復習会〟をみんなでしませんか？」とか、「読書会をしましょう」など、集まって勉強をする場を提供します。これだと気軽に声をかけやすくはありませんか？

勉強会を主催するだけでも、多くの経験が得られます。どういう準備が必要か考えるようになりますし、座席の配置をどうするか、参加してくれる人への連絡をどうするかなど、

やらなければならない、こまごましたことがたくさんあることにも気づけます。ほかにもアジェンダやアンケートをつくるなどして、参加するみんなのために〝お世話係〟として勉強会を主催してみると、多くの気づきが得られます。

このときに重要なことは、500円とか1000円の少額でよいので**有償の勉強会にすること**です。無償でやると「無料だから、まあいいか」と主催者側にも参加者側にも無意識のうちに甘えが出てくるものです。

有償にしたとしても、参加者は場所代くらいに思って、そんなに気にしません。しかし、有償にすることで、主催者側の緊張感は一気に上がります。「たとえ仲間内での勉強会でも、お金を払ってもらう以上は、レジュメの用意や場所の確保など、準備をしなければいけない」と責任感も強まります。はじめはお金をもらうことに抵抗があるかもしれませんが、実際のところ会議室を借りるだけでも場所代がいるので、主催者の自分に「これは場所代と飲み物代」と無理にでも言い聞かせることができます。

1回目は赤字になってもいいので、まずは500円でも1000円でも自分が納得できる価格にして有償で勉強会をやってみましょう。ワンコインの500円の勉強会からはじめて、慣れてきたら1000円、2000円と少しずつ価格を上げていきます。はじめは、このような勉強会や情報提供型のセミナーをやって、少しずつセミナーを開催することへの自分の抵抗感をなくします。

5 顧客獲得型のセミナーを設計するときの5つのポイント

勉強会や情報提供型のセミナーを何回かやって慣れてきたら、次はいよいよ顧客獲得型のセミナーをやります。

顧客獲得型のセミナーをする目的は、自分の世界観に共感してもらって、コンサルティングや連続講座などのバックエンド商品をセミナーの参加者に購入してもらうことです。セミナーに慣れないうちは敷居が高く感じられるかもしれませんが、セミナーで参加者が満足するかどうかというポイントは決まっています。そこを押さえておけば、参加者の満足度が高いセミナーをすることができます。

顧客獲得型セミナーで、バックエンドの商品を買いたいと顧客に思ってもらうためのセミナー設計の重要なポイントは次の5つです。

①セミナーは最初の5分が勝負
②セミナーの最初に行うのは、参加者全員に手をあげてもらうこと
③自己紹介は、参加者がコンテンツに興味をもってから
④参加者に恥をかかせると成約にはならない
⑤セミナーは有償にする

以下、順にそれぞれ解説していきます。

顧客獲得型セミナーのポイント① セミナーは最初の5分が勝負

顧客獲得型のセミナーで最も大事なのは、セミナーの最初の5分です。最初の5分間になにを話すか、どんな場をつくることができるかで、その後の成約率が変わってきます。

そもそもセミナーの参加者は、最初にセミナー会場に着いたときにどんなことを感じるのでしょうか?

じつは、多くの参加者は「自分はこのセミナーに参加していいのかな?」と最初あまり納得していないままでセミナーに参加しています。「どんなセミナーなんだろうか」とか、「売りつけられるんじゃないか」とか、「まわりはすごい人ばかりで自分は場違いじゃない

か」など、居心地が悪く不安に思っている人が多いのです。

そこで講師が最初の5分でやることは、この不安だらけの参加者から不安を取り除き、「このセミナーは、自分のためのセミナーだ。自分は参加してもいいんだ」と安心してもらうことです。そのために、徹底して安心安全な場をつくります。そういう場ができてはじめて、その後2~3時間かけて、バックエンド商品の説明をすることができるのです。

はじめに参加者が安心できる場をつくることができないと、どうなるでしょうか？　参加者は「ここは自分がいてはいけない場所だ」とか、「なんか居心地が悪い」とか、「まわりがすごすぎて、ついていけない」など、セミナー中にずっと不安を感じたままです。「自分は場違いなところにいる」と思っている参加者には、どれほど良い商品やサービスであっても価値は伝わりません。

顧客獲得型セミナーのポイント②

セミナーの最初にやるのは、手をあげてもらうこと

参加者に「これは自分のためのセミナーだ」と思ってもらうために効果的なのは、最初に参加者に「手をあげてもらう」ことです。参加者は最初、「ここにいていいのかな？」と不安に思っています。だから、参加者がどんな不安を感じているかをまず想像します。

たとえば私の「オーナー士業超実践講座」であれば、こんな不安をもっている人がいるだろうと予想できます。

「オーナー化っていうからには、年商が何億円だとか、従業員が20人ぐらいの事務所の所長だとか、そういう人しか来たらいけないのではないか？」

「税理士や行政書士などの士業でない私は来てはいけないのではないか？」

「これから独立しようと思っている会社員の私が来るのは場違いではないか？」

そういう人たち全員に手をあげてもらうためには、たとえばこう言います。

「いつも、このセミナーにはだいたい3つのタイプの人が参加してくれます。

みなさんが、どれに当てはまるか手をあげてください。

1番め、独立する前の人。

2番め、独立して3年以内の人。

3番め、独立して4年め以上の人。

どんな人が参加しているか、その割合に応じて、少しセミナーをカスタマイズしてお話しするので、どれかには手をあげてくださいね……」

このように「独立前の人」「独立して3年以内の人」「4年め以上の人」の「それぞれに活用できるコンテンツを用意しています」と言うことで、参加している全員が「よかった！　自分もちゃんと入っているな」と安心感を得てもらえます。

あるいは、「士業の人」と「士業以外の人」の2択で聞いて、どちらかに手をあげてもらうこともできます。そうすることで、士業以外の人にも「士業じゃなくてもいいんだな」と安心してもらえます。

参加者の不安の1つは、「参加しているほかの人たちは、どんな人なんだろう？」ということです。手をあげてもらうことで、まわりにいる人たちがどんな人たちなのかがわかって安心してもらえます。

なにげなくやっているようにも見える、最初の「手をあげてもらう」ことですが、じつは次の3つの意味があります。

① 参加者の心理的な不安を取り除く
② 小さな要求に応えてもらうことで、講師と参加者のあいだに信頼関係を築く
③ 手をあげて姿勢が前のめりになることで気持ちも前のめりになってもらう

1つめの「参加者の心理的な不安を取り除く」は、これまで説明してきたとおりです。

2つめの、参加者に「小さな要求に応えてもらうこと」ですが、セミナー中に講師はときどき小さい要求を出し、参加者に応えてもらうことで、少しずつ参加者と講師のあいだに信頼関係が生まれてきます。「手をあげてもらうこと」は信頼関係をつくるための最初の要求だったわけです。

全員に手をあげてもらう必要があるので、たとえば質問の答えの選択肢がA、B、Cの3つだとして、「Aの人?」(何割かの手があがる)、「Bの人?」(べつの何割かの手があがる)と聞いたら、残りの人がCだとわかっていても、あえて「Cの人?」と聞いて、必ずどれか手をあげてもらいます。

このように手をあげてもらうことで、まずこちらからの**1つめの要求に応えてもらえたという小さな一歩**が築かれます。その後、2つめ、3つめと小さな要求に応えてもらい、心理的なハードルを下げていきます。

1つめの要求に応えてくれない人は、その後の要求にも応じてくれない可能性が高いので、まずは小さな要求に1回でも応えてもらえるように、たとえばZOOMの名前表記をひらがなにしてもらうといった小さな要求をいくつか準備しておきましょう。

郵 便 は が き

（切手をお貼り下さい）

170-0013

（受取人）

東京都豊島区東池袋3-9-7
東池袋織本ビル4F
㈱すばる舎 行

この度は、本書をお買い上げいただきまして誠にありがとうございました。お手数ですが、今後の出版の参考のために各項目にご記入のうえ、弊社までご返送ください。

お名前	男・女	才
ご住所		
ご職業	E-mail	
今後、新刊に関する情報、新企画へのアンケート、セミナー等のご案内を郵送またはEメールでお送りさせていただいてもよろしいでしょうか？ □はい □いいえ		

ご返送いただいた方の中から抽選で毎月３名様に
3,000円分の図書カードをプレゼントさせていただきます。

当選の発表はプレゼントの発送をもって代えさせていただきます。
※ご記入いただいた個人情報はプレゼントの発送以外に利用することはありません。
※本書へのご意見・ご感想に関しては、匿名にて広告等の文面に掲載させていただくことがございます。

◎タイトル：

◎書店名（ネット書店名）：

◎本書へのご意見・ご感想をお聞かせください。

ご協力ありがとうございました。

ちなみに、私のセミナーでは、セミナー中にだいたい1時間ごとにリフレッシュするために伸びをしてもらっています。場をなごませる効果はもちろん、小さな要求に応えてもらうという目的もあります。講師の自分も伸びをして、伸びをしながら参加者の方々がいっしょに伸びをしてくれているか観察します。あるいは、自分がお茶を飲んでいるときに、参加者の何人かがいっしょにお茶を飲んでいるか、なども観察します。きっと、あの人はこちらの要求に応えてくれるなどと思いながら参加者を見ているのです。

こちらの小さな要求に応えてくれる人のことは、人間関係が少しずつできてきていると期待をこめて見ています。逆に、こちらの要求に応じてくれない人は、「この人はあまり興味をもっていないな」と思って見ています。要求に乗ってくれない人たちには少し重点的に対応しようと考えながら、セミナーを進めることもあります。

3つめの「手をあげる動作をすることで、自然と姿勢が前のめりになる」ですが、そもそも最初に姿勢がのけぞっている人は、気持ちも後ろに引き気味であることが多いです。「このセミナー、大丈夫なのかな?」と疑心暗鬼だったり、「この講師はいいことを言っているけど、後で売り込まれないかな?」と少し構えています。そういう人が、手をあげて姿勢が前のめりになることで、気持ちも前のめりになってもらうのです。

このように、全員に手をあげてもらうことで、1人1人がこのセミナーに対してどんな感じをもっているのかを見ます。

理想は、参加者全員が前のめりになって、セミナーに参加しようと思ってくれることです。そのためには参加者1人1人が、自分が大事にされていると思えていることが重要です。セミナー中に参加者と良い関係が築けると、その後に商品の提案をするときにも、あまり緊張しません。相手の話をていねいに聞いて、相手のメリットをしっかり考えたうえで提案ができるので、結果的に成約率も上がります。

顧客獲得型セミナーのポイント③
自己紹介は参加者がコンテンツに興味をもってから

顧客獲得型のセミナーで、絶対にやってはいけないのは最初に自己紹介をすることです。最初のうちは、参加者はまだ「自分はここにいて大丈夫かな?」と不安に思っています。そんな状態で講師が自己紹介をしても聞いてくれませんし、興味をもってくれません。

講師が自己紹介をするタイミングは、参加者が「これは自分のためのセミナーだ」と思って安心し、「このセミナーは、自分に合いそうだから、最後まで聞こう」と思った後です。

これまでに講師からコンサルティングを受けたり、講座を受けた人たちがどんな成果を出したかを参加者が知って、「私もこの講座を受けたら同じような成果が出せるかもしれない」と自分の将来の姿が見えてきたタイミングで、はじめて自己紹介をします。

顧客獲得型セミナーのポイント④ 参加者には絶対に恥をかかせない

顧客獲得型のセミナーで最も気をつけるべき点は、絶対に参加者に恥をかかせないことです。たとえば、参加者の意見を聞くときには、いきなり意見を聞いたりせずに、しっかり準備をしてもらってから意見を聞くようにします。

講師のなかには、講義の途中でいきなり参加者に「これについてどう思いますか？」と意見を聞く人がいます。講師は、「講義も長くなったし、ちょっと参加者の意見を聞いてみたい」くらいの軽い気持ちで、なんの気なしに聞くのですが、そういう残念な講師には、セミナーの参加者にとって、**いきなり当てられるのがどれぐらいストレスになるのか**がわかっていないのでしょう。

多くの真剣な参加者は、全身を耳にして細大漏《も》らさず、ずっと講師の話を聞いています。そういうときに、いきなり当てられたら答えられないこともあります。

参加者が答えられなくても講師はとくになんとも思っていません。しかし、当てられた参加者は、「自分がここにいていいんだ」という今まで感じていた安心感が一気になくなり、「やっぱりここに来るんじゃなかった」と思うかもしれません。その参加者にとって講師は「自分に恥をかかせる危険な人」になります。それまで講師に対して感じていた信頼感は一瞬でなくなるので、その後にあなたのサービスや商品に興味をもってはくれません。ですので、セミナー中は参加者が「恥をかいた」と思うようなことは絶対にしてはいけません。


では、**参加者に意見を言ってもらいたいとき**には、どうすればいいのでしょうか？

まず、参加者がしっかりと準備ができる時間をとります。具体的には最初に「後で皆さんのご意見を発表してもらいますから」と必ず事前に伝えて、各自1人で考えていただく時間を取ります。次に、オンラインでもセミナー会場でも2〜3人のグループをつくって、グループ内で意見交換をしてもらいます。

グループ内でほかの人の意見を聞くことで、「自分は人とちょっとピントがずれてるかも」とか、「なるほど、この場ではこういうことを言えばよいのか」などと本人が気づき、自分で修正できます。このように全体で意見を聞く前にグループ内で話し合う時間をもっていただくことで、参加者がだいたいどんなことを言えばいいのか見当をつけることができます。その後、全体で意見を聞くときには、「グループでどんな意見が出ましたか」と、グループとしての意見を聞きます。もしほかのグループの意見と、自分たちのグループの意見がまったく違ったとしても、少なくとも〝自分のグループ内のメンバーは、自分と同意見＝自分の味方だ〟と思えます。そうすると、参加者が個人で恥をかくことはなく、つねに安全な場にいることができます。

繰り返しますが、セミナーをするときに一番大事なことは、1人1人の参加者に「ここは安全な場だ」とセミナー中ずっと安心感をもってもらうことです。

顧客獲得型セミナーのポイント⑤ セミナーは必ず有償にする

顧客獲得型のセミナーでは、なるべく多くの人に来てもらうためにセミナーを無料にしたほうがいいのではないか、と思う人もいるかもしれません。しかし、私はいくつかの理由から、無料の顧客獲得型のセミナーはおすすめしません。

まず、無料のセミナーだと、「とりあえず無料だから申し込んでみようか」と思って申し込む人が増えます。そうすると、ドタキャンが増えますし、あなたの見込み顧客以外の人も来ることがあります。そのなかには、来てみたけれど自分には合わないと思って無断で途中で帰られる人もいます。

いきなりドタキャンされたり、理由もなく途中で帰られると、講師のモチベーションがどうしても落ちます。それだけでなく、場の雰囲気も落ちるので、参加したお客様の満足度が下がることになり、結果的に成約率も落ちます。

このセミナーを本気で聴きたい、と言う人だけに来てもらうためにも、また、講師のモチベーションを上げるためにも、顧客獲得型のセミナーは有償で行います。

6章

チームをつくって仕事をまかせ、「年商1億円」のベースをつくる

――この章のはじめに

本章（6章）と次章（7章）では、チームをつくってオーナー化を進めていくためのポイントについて具体的に説明します。

1章でも書いたように、士業やコンサルタントのビジネスは、1人でやっていると自分の時間がボトルネックになります。自分が仕事にかけられる時間の最大値を超えては、仕事を受けることができないので、年商が3000万円くらいで頭打ち、成長がストップします。年商1億円、さらに10億円あるいはそれ以上の規模をめざしていくためには、どうしてもチームをつくって従業員に仕事をまかせていく必要があります。

会社をつくった当初は、社長もチームメンバーの一員として実務をやっていきます。とくに士業の事務所で、社長しか資格をもっていなければ、最初は自分で実務を全部こなさないといけないかもしれません。しかし、従業員が業務に慣れてくるにつれて、少しずつに業務をまかせることができるようになります。組織が10人、20人と大きくなるにつれて、あいだにマネージャー階層を置き、その人たちに実務と管理をまかせ、自分は実務をどんどん手放します。社長の本来の役割は、5年後、10年後のビジョンを語り、それに向けて種を撒《ま》いていくことです。

1 チームづくりは、来てくれた人に合った仕事を創るという発想からはじめる

オーナー化をするときの最も重要なポイントは、「チームをつくって、それぞれのメンバーにどんどん権限を与えて委譲すること」です。しかし、社長のなかには、チームづくりが得意な人とチームづくりが苦手な人がいます。

チームをつくれない人には共通した特徴があります。チームづくりが苦手な人は、じつは「理想のチームをずっと追い求めている人」であることが多いのです。

そもそも、チームとはなんでしょうか？

いろいろな考えがあるとは思いますが、私はチームとは、**参加したメンバーにメリットがある場**であり、**参加したメンバーが活躍するための場**だと思っています。

そして、社長の仕事は、参加したメンバーがどうやったら活躍できるかを考えること。

社長がそのように考えていると、どんなメンバーが新しく入ってきても、「この人は今のチームでどんなことをしてもらえるだろう?」という発想から考えられるので、チームをうまくつくっていくことができます。逆に、「Aさんではこの仕事をまかせるにはスキルが足りない。もっとスキルがある人がほしい」というように、自分の理想の従業員を追い求めているかぎりチームをつくることはできません。

もちろん、就職人気ランキングの上位に入るような会社であれば、スキルが高くて前向きな人が来てくれるかもしれません。しかし、私たちのような中小の士業の事務所ではそんなことはとうてい望めません。人材採用するときも〝人を選ぶ〟というような発想ではなく、「この会社に行きたい」と言ってくれる人を採用し、その人に合わせて、

「仕事を創り出すのが社長の仕事だ」

と、発想を変えてみます。そうすれば採用で悩むことはありません。とくに会社を立ち上げた当初などは、なんの実績もない自分の会社に来てくれる人がいるだけでも、「よくぞ来てくれました」と、ありがたく思えます。

1章でもふれたとおり、今は士業の人気が下がっているので、なおさらです。求人を出しても応募が少ないのが現状です。「どこかにいい人がいないかな?」などと思って探し

ているかぎり人材採用はできません。考え方を逆にして、「うちの会社に申し込んでくれた人が、この会社で働くことで、どんなことができるようになり、どう成長するのか？」

を考えることからスタートします。「この人に、うちの会社でどんな仕事をしてもらったら、彼ら、彼女らの人生にプラスになるだろう」と思って採用すると、採用の幅が広がります。採用時にちょっとスキルが足りないと思ったとしても、その人が仕事にやりがいを感じて、次の可能性を見いだせるような環境をつくっていくのが社長の仕事です。

来てくれる人を大事にして、「うちに来てくれるだけでありがたい。この人にどう成長してもらおうか？」「その人が伸びるような仕事や環境をどうやってつくり出そうか？」と考えるほうが、理想的な〝いい人〟を探しまわるより、はるかにラクです。

2 従業員が失敗するチャンスを奪わない

従業員に権限を委譲して仕事をやらせるときに、1つ注意しないといけないことがあります。それは、「従業員が失敗するチャンスを奪わないこと」です。

社長は、人よりも多くのことにチャレンジしてきているので、そのぶんたくさんの失敗をしています。すでに自分が失敗していることを従業員がやろうとすると、うまくいかないことがわかっているので、つい「ムダだから、やめておけ」などと言いたくなります。しかし、実際に本人が失敗してみないとことには、「それをやったら失敗する」ということがわかりません。前にも紹介しましたが、私のとても大好きな言葉の1つに、

「失敗はない。フィードバックがあるだけ」

という言葉があります。**失敗をする＝フィードバックを受けるチャンス**を社長が奪ってしまうと、従業員は成長できません。社長は、よかれと思って従業員が失敗しないようにあらかじめ注意したり、先回りして失敗の種や芽を摘《つ》み取ろうとしがちです。失敗するとわかっているのに、目の前で従業員が失敗するのを見るのはもどかしいの一語につきるかもしれませんが、一度失敗した従業員はたいていそれを乗り越えて必ず成長します。

会社にとっては、5年、10年という長いスパンで考えると、一度や二度失敗したところで大勢にそんなに影響はないでしょう。従業員が失敗するのが予見的にわかっていても、従業員の成長のために**あえてなにも言わないで仕事をまかせること**です。そして、従業員が失敗したときには**だまって責任をとる**のが社長の仕事です。

3 マネージャーとは「なんとかする人」

組織が大きくなるにつれて、社長1人では全員を管理することはできなくなり、社長と従業員のあいだにマネージャーが必要になります。日本語で「管理職」という役職名になるためか、「マネージャーの役割は〈管理〉をすることだ」と思っている人も少なくないようです。しかし、マネージャーの役割は管理をすることではなく、「マネージする」つまり「なんとかする」ことです。厳しい状況のなかでも、なんとかして部門目標を達成するのがマネージャーの最も重要な仕事です。

マネージャーにはもう1つ、大きな仕事があります。それは、**社長の言葉を通訳することです**。社長は5年後、10年後の会社の将来を見据えて、いろいろなことを考えています。そのため、どうしても実務とはかけ離れた話をしがちです。

現場で働いている従業員は、そんな話を聞いても、「なんの話をしているのかわかない」「毎日忙しいのに、なにを言っているの？」などと思うので、社長の思いがなかなか現場には伝わりません。そういうときにマネージャーは通訳として、社長の言っていることを現場にわかるような話に翻訳する必要があります。

遠い将来のことしか語らない社長の言葉を翻訳して、部下の日常レベルの仕事に落とし込むのがマネージャーの大事な役割の1つです。

社長の通訳を続けているうちに、マネージャーは少しずつ、社長の言葉を借りずに自分の言葉で5年後、10年後の会社のビジョンを語れるようになります。そうすると、社長の気持ちもわかってきて、視座が少しずつ高くなり、それに応じて本人の役割や役職もさらに上がります。

4 マニュアルがあると、資格のない従業員にも仕事をまかせることができる

オーナー化のポイントは、「仕事を人につけず、**人を仕事につけること**」。つまり、自分でやらなくてよい仕事を人にまかせることです。「従業員に仕事をまかせたいけれど、専門的な仕事をどうやってまかせるかが難しい」と悩まれている士業の方も多いようですが、未経験の従業員にでも仕事を渡すことはできます。

そのためになくてはならないのがマニュアルとチェックリストです。マニュアルは、書いてあるとおりにやったら作業が終わる作業手順書のこと。いっぽう、チェックリストとは、作成した資料や成果物が正しくできたかどうかを確認するための資料のことです。

では、どうやって未経験の従業員に仕事を渡したらいいのか？

これまで私がやってきた、未経験の従業員への仕事の渡し方についてお伝えします。

そもそも私がマニュアルやチェックリストをつくりはじめたきっかけは、私が税理士事務所をはじめた当初に働いていた従業員３名全員が、税務業務が未経験だったことに端を発していました。しかも私は、自分で言うのもなんですが、もともと税理士業務が苦手で、決算書や申告書をつくるときに細かいところをよく間違えました。お客様には表立って迷惑をかけない程度の小さい間違いとはいえ、税務署から修正を求められることもあり、手間も時間もよけいにかかります。それをなんとかしたくて、決算書や申告書を私がつくった後、従業員にチェックをしてもらおうと思ったのです。

しかし、「チェックしてね」と言っただけでは、税務の知識がない従業員には、なにをチェックしていいのかがわかりません。そこで彼らにもわかるように、たとえば「A表の１列めの３番めの項目と、５列めの４番めの項目の数字がいっしょかどうかを確認してください」といった個別具体的なチェック項目をすべて書き出したマニュアルと、正しくできているか確認するためのチェックリストをつくりました。それらを使って従業員たちに10か所くらいの数字のチェックをお願いしたのです。

従業員たちは、はじめこそ〝なにをやっているのかわからない〟といった感じでしたが、マニュアルとチェックリストを見ながらのチェック作業を続けているうちに慣れてきて、なんのためのチェックか、しだいに作業意図も理解し、少しずつ自分の仕事の範囲を広げていってくれました。私がつくった簡単なマニュアルもチェックリストも、従業員が使うたびに必要なことを書き加えて、どんどん更新されていきました。

前に申し上げたことですが、マニュアルやチェックリストをつくるときにも大切な考え方が「10点合格」の考え方です。マニュアルもチェックリストも最初から完璧なものをつくろうと構えるのではなく、100点中10点でも5点でもいいので、少しでもできたらすぐにリリースして使ってみます。後は、従業員が使いながらブラッシュアップすることで、どんどんよいものになっていきます。「リリース&ブラッシュアップ」です。

多くの会社ではマニュアルをつくるときに、はじめから「100点満点の完璧なものをつくって、そのとおりやらなければいけない」と思っているようです。しかし、マニュアルは、見てそのとおりにやるためだけの〝完全無欠のお手本〟ではありません。使うたびに必要に応じて修正したり書き加えたりして、つねに更新していく〝永遠のたたき台〟だくらいに思って運用と改善を重ねるほうが、かえって早く良いマニュアルができます。

5 クライアントにいつも最初に教える魔法の言葉

しかし、マニュアルはつくらせるものだとか、つくってから育てるものだ、といきなり言われても、すぐにはどうしたらいいかわからないかもしれません。どうしても無意識のうちに「きちんとつくらなければならない」と、考えてしまうからです。

私はクライアント先でマニュアル作成をするときには「10点合格でいいから、まずはじめましょう」と言っています。

そのときに、クライアントにいつも最初に教える魔法の言葉があります。

マニュアルにこの言葉さえ書いてあれば、もう立派にマニュアルとして成立する、という魔法の言葉です。

009 受取利息を総額に修正する

目指すゴール	銀行口座に振り込まれている受取利息を総額に修正する
所要時間	3分

	作業	詳細	チェック
1		所長に聞く	□

図表6-1　最もシンプルなマニュアル

上のマニュアル（図表6－1）を見てください。詳細欄に「所長に聞く」と、ひと言だけ書いてあります。これがマニュアル作成をスムーズにすすめる魔法の言葉です。

所長あるいは社長が最初につくるマニュアルは、このひと言だけ書いてあればいい。

たとえば、今回「受取利息を総額に修正する」という作業のマニュアルをつくるとします。新しく担当になった人が、やり方がわからないからマニュアルを見ると、「所長（社長）に聞く」と書いてあります。

新しい担当者は、所長（社長）に「（マニュアルに書いてあるので）所長（社長）、やり方を教えてください」と聞くはずです。そこで、所長（社長）はその手順を口頭で教えてあげてください。担当者は、所長（社長）から教わったことをマニュアルに自分で書き足して、自分が納得するマニュアルをつくって、所長（社長）に「これでいいですか」と確認します。

所長（社長）は、仕事を引き渡すときに、担当者にマニュアルをつくるために内容の説明をしたら、担当者に「マニュアルを更新して、できたら見せてください」と必ず伝えます。担当者が「できました」と見せにきたら、それで合っているのか違っているのかを伝えて、修正してもらったり、足りないところを書きたしてもらったりします。それを繰り返していくと、だんだんと精度の高いマニュアルができあがります。

所長（社長）がつくるマニュアルには、どんなものでも「所長（社長）に聞く」というひと言だけ書いておけばいい。この「所長（社長）に聞く」は本当に便利な言葉です。たとえば、20ステップぐらいあるような複雑な作業のマニュアルをつくるときにも、とりあえずはそのうち5つまでを書いて、その下に「所長（社長）に聞く」と書いておきます。それでもマニュアルとしては成り立ちます。

もしも、1時間も2時間もマニュアルづくりに時間をかけてなどいられないと思う人は、5分でできますので「所長（社長）に聞く」と1行だけのマニュアルをつくってみてください。

なんでも0《ゼロ》から1《イチ》をつくるときが一番大変です。マニュアルも、「所長（社長）に聞く」というマニュアルさえあれば、その後のマニュアルづくりはものすごくラクになります。

マニュアルの残りの部分は、必要に応じて担当者が聞いてつくって、いつのまにか立派なマニュアルができあがります。

6 マニュアルはつくるものではなく「つくらせる」もの ～マニュアル作成事例～

ここからは具体的にマニュアルの作成法、更新方法について事例を使って説明します。

ある税理士事務所で、所長からスタッフの山田さんに「A社の決算書の作成業務」を引き継ぐことになりました。このとき山田さんにまずやってもらったのは、スマホをもってきて、所長がやる作業を山田さんに動画で撮ってもらうことでした。

たとえば、決算書を作成するのに必要なA社の書類が〝どこにあるのか〟からはじまり、会計ソフトを〝どのように操作するのか〟といったOAスキル、具体的には〝どの書類の、どの数字を入力ファイルの、どの項目に打ち込むか〟という細部にいたるまで、まさに所長の一挙手一投足を、山田さんが社長から口頭で説明を受けながら1つ1つ作業工程として情報の共有化をすすめます。

020ＥＭＰ給与作成手順

目指すゴール	ＥＭＰの給与情報を、社労士さんに送る
所要時間	1時間

＜基本情報＞

計算期間	令和　年　月分／　月度（給与支払期間：　／２１～　／２０）
振込日	令和　年　月　日（あべきが実際に従業員の口座に振り込む日。毎月5日。5日が休日の場合は前営業日）
振替日	令和　年　月　日（SBI からあべきの UFJ に振り替える日。振込日の前営業日）
報告日	令和　年　月　日（社労士さんからあべきへ給与支払総額を伝える期限。振替日の前営業日）

＜EMP 側作業＞

	作業	詳細	チェック
1	事前準備（Hさん）	以下の書類を収集してクリアファイルに入れてあべきに渡す ✓ 当日分の全員のタイムカードの確認 ・スマレジタイムカードでログインし、20 日までの出勤実績を印刷。 ・不備があったら手書きで訂正する（月の総勤務時間も訂正すること）。 ・休暇があれば有給かどうかをメモする（公休（夏休み）か有給か確認） ✓ 交通費精算書を提出してもらう。（タイムカードと一緒にホッチキスでとめてもらう）	□
2	追加資料	Mさんの自宅での Timesheet をもらって、勤務時間に追加する（5 ページにある＜1 勤務時間・残業時間表＞の勤務時間には合計時間を記入すること）	□
3	出張確認	あべきの出張時間も Chartwork で確認して埋めておく	□
4	勤務時間	5 ページにある＜1 勤務時間・残業時間表＞を埋める	□
5	有給の管理	★EMP・全クライアント共通¥人事・評価¥有給計算表 EMP.xlsx を更新して、6 ページにある＜2 有給管理表＞に書き込む。 ※1 当月が付与月なら、年次に応じて有給を付与すると共に、2 年前の有給残日数を時効で削除する。例えば、2020 年に有給付与した場合は、2018 年の残日を	□
22	源泉の報告	オフィス EMP、EMP 税理士法人とも、所得税源泉管理表の当月分を PDF で出力して、Chatwork でMさんに送る 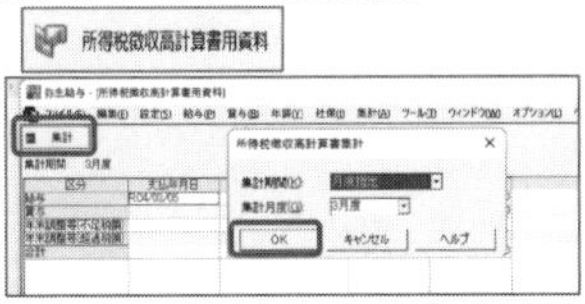	□
23	次月の申し送り事項の確認	（今月変更になった従業員、手当など）	□

図表6-2　マニュアルのサンプル

作業手順を23段階にわたって詳細を記している

	作	業 詳 細	チェック	チェック
116		18 月別の売上高等の状況の以下の項目の計が決算報告書と一致しているか（千円未満の端数を切り捨てているため、決算書の数字 - 事業概況書の数字≦12 なら OK） ※一番下の数字は計ではなく前期の実績なので注意 □ 売上（収入）金額：損益計算書 □ 仕入金額：損益計算書の仕入高、製造原価報告書の材料仕入高等の合計額 □ 外注費：損益計算書の外注費、製造原価報告書の外注加工費等の合計額 □ 人件費：損益計算書の役員報酬、給料手当、賞与等、製造原価報告書の賃金給料、賞与等の合計額	□	□
117	052	052 の「Ⅳ 備考・翌年申し送り事項」を巡回者から聞き取って埋めておく。	□	□

山田さんは一連の作業工程のすべてを動画で撮ります。

ひととおり説明が終わったら、所長は山田さんに作業がわかったかどうかを確認します。山田さんにわからないところがあれば、その部分をまた説明&撮影します。山田さんが「すべてわかりました」と言ったら、所長は「動画を見ながらマニュアルをつくって、できたマニュアルを私に見せてください」と指示を出します。

山田さんがマニュアルをつくり終えて持ってきたら、所長は不備がないかを確認します。

一回で完璧なマニュアルができていることはまずなくて、たいていの場合、どこかに必ず不備があります。

そうなる理由はおもに3つ。

1つめは、伝えられた山田さんの経験が浅くて、**言**

004 法人決算報告書最終チェックリスト

目指すゴール	印刷した決算報告書と申告書の最終確認をして、決算担当者に返す
所要時間	30分

法人名	
決算日	期　令和　年　月　日～　年　月　日

確認日				
確認者	004担当	決算担当	N君	おべき

（処理済み…レ・対象外…ー・不明…空欄・要修正：□を大きく囲む）

<事前準備>

	作業	詳細	チェック
1	《基本情報》	巡回者に以下の情報を**口頭で聞き取って**メモする（住所は町名まで） ・基本情報 本店所在地： 代表者住所： 資本金の額： 業種（いずれかにチェック）：□卸売・小売・飲食店　□製造・修理　□金融・保険　□その他（建設・サービス・不動産） 株主構成の変化：有（　）・無 ・申告情報 消費税：免税・一般・簡易 繰戻し還付：有・無	□
2	印刷（**2枚割付**） 全部をWクリップでとめる	□ この用紙（ステープラー留め） 【会計】 □ 決算報告書（勘定式・ステープラー留め） □ 消費税集計表（すべての消費税率）（※消費税が免税の場合は不要） □ 固定資産台帳（**割付なし**） 【法人税等】 □ 法人税チェック内容一覧表 □ 申告書（国税、地方税） □ 法人事業概況説明書	□

図表6-3　チェックリストのサンプル（右ページ上も）

117段階にわたってチェック項目を設けている

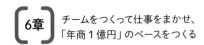

われたことを理解できていないことがあるからです。この場合、所長は山田さんのわからないところを再度説明して、山田さん自身にマニュアルを修正してもらいます。その後、また持ってきたマニュアル内容を確認し、必要があれば修正する、という作業を繰り返します。

2つめは、伝える側の所長が実際は言ってもいないのに〝**説明したつもり**〟**になっていること**です。所長が伝えていないのですから、山田さんがわからないのは当然です。マニュアルを見て抜けているところに気づいたら、その作業について山田さんに手本を示しながら説明し、マニュアルに書き加えてもらって、できたマニュアルをまた確認します。

3つめは、**原則以外の「例外」がある場合**です。通常は山田さんがつくったマニュアル自体にまちがいはないのですが、諸般の事情により例外がいくつかあるような場合、所長はその例外の処理方法をそのパターンごとに説明しながらやって見せなければいけません。ここでも山田さんは動画に撮り、マニュアルに追加して、所長のＯＫが出るまでマニュアルを更新します。

このような個別マニュアルをつくるときに一番重要なのは、仕事の引き継ぎをする人ではなく、**新しくその仕事をする人がマニュアルをつくること**です。その仕事に慣れている人がつくると、だれでも〝これくらいはわかるだろう〟と無意識で思ってしまい、大事なことが書かれていなかったり、パターンが3つあるのにその1つを書き忘れていたり、といったことが起こります。いっぽう、引き継ぎを受ける人は、まったくその仕事のことを知らずにマニュアルをつくるので、その人がつくったマニュアルを見ることで、自分の伝えたいことが本当に伝わったかどうかがわかります。所長が「この人は理解できてないな」とか「私が伝え忘れている」と思えば、もう一度伝え、書き加えてもらいます。そうやって山田さんに繰り返しつくり直しをしてもらい、マニュアルが完全にできたときには、その仕事がきちんと伝わり、引き継がれているわけです。

やがて数年後に、所長から仕事を引き継いだ山田さんが、その仕事を後輩の田中さんに渡すときがきました。そのとき、山田さんはまず「マニュアルを見ながらやって、わからなかったら聞いてください」と言って、自分がつくったマニュアルを田中さんに渡して、田中さんに作業をしてもらいます。田中さんはマニュアルを見ながら作業して、わからないこと山田さんに質問します。田中さんは自分が山田さんに質問したことをマニュアルに付け加える形で更新します。こういう**「トライ&フィードバック」あるいは「リリース&ブラッ**

シュアップ」の仕組みをつくることで、代々伝えるべきマニュアルが更新され続けます。

このやり方のいいところは、キャリアが浅く時給が安い人がマニュアルをつくったり更新したりする仕組みになっていることです。

多くの士業の事務所では、「今年こそはマニュアルをつくらないと」と思って、最も時間単価が高い所長がマニュアルをつくろうと着手します。所長は自分でやったほうが早いと思って取りかかるのですが、マニュアルをつくるのには時間も手間もかかるので、途中で挫折することも多く、結果としてマニュアルがないままの不便きわまりない状況が放置され、常態化してしまうわけです。マニュアルやチェックリストは社長が「自分でつくる」のではなく「従業員につくらせるものだ」と思って、自分はチェック役に徹することができるようになると、その後は一気にオーナー化を進めることができます。

このように、所長がだれかに仕事を引き継ぐときには、新しくその仕事をする人にマニュアルとチェックリストをつくらせる仕組みをつくっておきます。

そうすると、所長が新しい仕事をはじめた後、その仕事をだれかに引き継ぐタイミングですでにマニュアルができているという、今はやりの持続可能《サスティナブル》な仕組みが社内にできあがります。この仕組みをつくっておくと、人に仕事がつかなくなり、ジョブの属人化を防ぐことができ、ひいてはオーナー化が進むことにもつながります。

7 会議を手放す

オーナー化をするためには、会議も従業員に委譲します。最終的には社長がいなくても、すべての会議が順調にまわるようになって、**社長がすべての会議を手放す**のが目標です。

中小企業では、社長が参加する多くの会議は、社長の独演会になりがちです。会議では参加者はみんな黙って下を向いているので、語弊があるかもしれませんが、お通夜みたいです。そして、社長は「うちの従業員はなにも考えてない」などと失望します。

社長は、今までたくさんの失敗をしてきているし、経験も豊富です。だから、従業員が転ばないように、よかれと思って自分の意見もばんばん言うし、アドバイスもします。

しかし、社長の意見にはだれも反対する人がいないので、社長が言ったことがそのまま実行されます。

こんな状態ではいつまでたっても会社は社長の〝器《うつわ》〟以上には大きくなりませんし、会議に社長が出ないと、なんにも決まりません。実作業は引き渡せたとしても、結局のところ主要な会議の管理や重要事項の決定権はいつまでたっても社長のもとに残るなんてことになってしまいます。

そんな〝オレがオレが主義〟の社長が我欲を捨て〝みんなのおかげ主義〟の人に解脱《げだつ》し、会社まるごと脱皮するにはどうしたらいいのでしょうか？

そこで登場するのがマネージャーです。前述のとおり、「成果を出すためになんとかする」のがマネージャーの仕事です。まずは会議の進行をマネージャーにまかせるところからはじめましょう。最終的には意思決定もマネージャーにまかせます。

社長がマネージャーや従業員に会議をまかせるためには、手順があります。

ステップ① 議事録を従業員にまかせる
ステップ② アジェンダと司会を従業員にまかせる
ステップ③ 会議から抜ける

右の手順を踏んで1つずつやっていくと、半年くらいで社長は会議から完全に離れられるようになります。

4期サポーターMTG議事録

日　時：2023/5/24(水) 15:00-16:30・グルコン16:30-18:00
テーマ：第2回目までの振り返りと、今後のサポーター活動について
ゴール：６月の班分けを確定し、ここからコーチングを成果に直結する形で活用する
参加者：サブ講師＆サポーターのみんな、あべき先生、幡司
書　記：はたっしー
ファシリテーター：さのさん

＜アジェンダ＞※ 時間はざっくり決めています

1) 意気込み発言【5分・全員】(-15:05)
2) 2回目までを受けて、気づいたことのシェア【20分・担当：佐野】(-15:25)
3) 各賞の決め方【10分・担当：あべき】(-15:35)
4) 班の入替について【15分・担当：あべき】(-15:50)
5) サポーター合宿について【10分・担当：幡司】(-16:00)
6) サポータアンケートについて【10分・担当：あべき】(-16:10)
7) シェア会の進め方について【5分・担当：あべき】(-16:15)
8) 気づきのシェア【5分・全員】(-16:20)
16:30からグルコン予定

2）2回目までを受けて、気づいたことのシェア【20分・担当：佐野】(-15:25)

- 4期メンバーは積極的に報告してくださる方が多い
- 延長戦の時にサポーターができるだけ動けてフォローしてあげられると良い
- 3期から入ったサポーターさんが引っ張っていってくれてる
- Ａさんの質問の姿勢が素晴らしい
- フィードバックの仕方をもう少し意識できたらよかった
- 最初は日時調整がうまくいかなかったが最近まとまりがでてきて心強い
- Facebookの投稿に対するフィードバックを少し意識したい
- オンライン受講の方との距離感の掴み方
- **実践会後にフィードバック（実践報告）していない人への声掛けをどうするか**
  ⇒3期は、書き込みをしていない時には「みんなみているよ」と一言いうようにしていた。言うべきことは言うようにしていた（実践会に出たタイミングの時に）
  ⇒実践会にすぐ自分が出れない時はメッセンジャーで伝える

  ・誰も投稿あげてない週があると、しているかしていないかわからない
  ・実践報告を上げるタイミングが人によりまちまち。線引きにルールを決めている？
  ⇒文量はいいからまずアップしようというお願いを最初に伝えた
  ⇒爆速投稿をアップするメンバーがいるとみんな引っ張られる
  ⇒テンプレを用意してアップするハードルを下げる
  ⇒テーマ、ゴール、気づきだけでも
  ⇒録音をするという方法も

- サポーターも自発的に延長戦で席を変わってもいいかも

図表6-4　会議のアジェンダと議事録のサンプル（冒頭部のみ）

会議をするためには、アジェンダと議事録が必要です。アジェンダは、会議でなににつ
いて話をするかを事前に決めたものです。議事録は、会議でなにが決まって、だれがいつ
までに、なにをどうするのか、決まったことを書いた記録です。2時間以下の会議であれ
ばA4用紙が1枚程度です。

アジェンダと議事録は、最初は社長がつくります。2か月ほど続けて、参加メンバーが
会議にはアジェンダと議事録がいると理解したところで、メンバーの1人にまず議事録を
まかせます。そのころには毎回の会議で前回の会議で話したことを検証したり、毎月の数
字の報告があったり、といった会議の内容面や、どういう順序で、なにをどうやって決め
ていくのか（＝会議全体がどうまわっているのか）もメンバーにわかってきます。

メンバーが会議全体の流れを理解したら、次回の会議のアジェンダを参加メンバーにつ
くってもらいます。役職が高い人がアジェンダをつくり、議事録は残りのメンバーのもち
まわりで、などと決めてもかまいません。半年くらい会議を続け、みんなが慣れて、もう
大丈夫だろうと思ったら、社長は次の会議のときに、

「急な仕事で会議に出られなくなったから、後で議事録だけ見せてほしい」

と伝えて、会議を欠席します。

後で議事録を見て、どういうことがあったかを確認し、わからないことを聞きますが、会議で決まったことについては、ちゃぶ台をひっくり返すようなことはひと言も口にしてはいけません。

次の会議からは「もうこの会議に私はいなくてもいいだろう」と、すべてを参加メンバーにまかせます。

このような手順でやると、スムーズに会議を社員に委譲することができます。会議に出なくなった後も、議事録は終わった後に必ず見て、「変な方向に進んでないか」とか「会議のクオリティーが下がっていないか」などをチェックしますが、とくに問題がなければ口を挟みません。

大前提として社長が、

「会社は社長のものではなく、従業員のもの。だから、従業員みんなで同意して決めていくのが一番いい」

「もしそれでうまくいかないようなことがあったとしても、そのときはそのときだ。もういちど立て直せばよいだけの話だ」

といった、どっしり超然とした構えでいることです。すると、会議やそれに付随するもろもろのことがごっそりメンバーまかせになります。

〝オレがオレが主義〟の社長にはもどかしく、つらいことかもしれませんが、それでいいのです。1980年代半ばに「亭主元気で留守がいい」という防虫剤のCM（大日本除虫菊㈱「ゴン」）がありましたが、「社長元気で留守がいい」といわんばかりに、良い意味で勝手に会社がまわっていくようになるでしょう。

7章

だれも辞めない会社をつくり、年商1億円を達成する

この章のはじめに

人を採用したときには、「なにかのご縁があって会社に来てくれた人は絶対に辞めさせないようにしよう」と思い、その人を辞めさせないために会社としてなにができるのかを考えていきます。これはなにもキレイゴトを言っているわけではなくて、そのほうが合理的で、結果的に社長にもまわりの従業員にとってもいいからです。

1 採用コストよりも、辞めさせないようにするコストのほうが安い

新しく人を採用するためには、時間もお金もかかります。たとえば、会計事務所が人材紹介会社を通して中途採用をすると、手数料だけで100万円くらいかかります。社長は採用が決まるまで、時間をかけて何人もの人と面接をしないといけません。入社が決まった後も、机や椅子やパソコンの準備、入社後の事務手続きや仕事の引き継ぎなど、ほかの従業員の負担も増えます。

このように人の採用にはパワーもお金もかかるので、ひとたび入ってくれた従業員には、できるだけ辞めずに長く続けてほしい、という発想になります。

しかし、それだけ時間とお金をかけて従業員を採用しているにもかかわらず、その人が入社したら、しだいにその人が会社で働いていることが当たり前になってきます。このご時世に「釣った魚にはエサをやらない」と思っているわけではないでしょうが、いつのまにか今働いてくれている従業員に感謝したり、気をつかうことがなくなってきているのではないでしょうか？　そして、ある日いきなり従業員が辞めたいと言い出したときに、「あれっ？　機嫌よく働いていると思っていたのに、どうして？」と驚くのです。

従業員が辞めるのは、多くの場合、仕事や人間関係など、社内でなにかがうまくいかなくなったときです。従業員から突然「辞めます」と言われて、腹を立てて「やめてしまえ！」と言いたくなったり、社長の心がガクンと折れて引きとめる気力もわかない場合もあるでしょう。しかし、代わりの人を採用するコストとパワーを考えると、できるかぎり辞めずに残ってもらうほうがはるかによいのです。

しかも、中小企業では会社のメンバーの1人が入れ替わるだけで、会社全体の雰囲気がガラリと変わります。それを考えると、従業員が「辞める」と言い出す前に、従業員がかかえている不安や気がかりに気づいて小さい芽のうちに摘み取ることができれば一番よいわけです。日ごろから「入社してくれた人は絶対に辞めさせない」と思って、従業員1人1人の成長のためになにができるのかと考えていくほうが、チーム全体もうまくいくし、結果的に社長もラクになります。

2 社長の思いをしつこく従業員に伝え続ける

従業員を辞めさせないためにも、社長は従業員に対して、自分の思いや考えを伝え続けないといけません。従業員に対して、「会社に長くいるのに、なんでこんなことがわからないんだ」と腹立たしく思ったり、「これだけ長い付き合いだし、言わなくても私の思ってることくらいわかるだろう」と思っているかもしれません。

しかし、社長が従業員に対して、自分の考えを伝える努力をしなければ、従業員に社長の考えは絶対に伝わりません。しかも、何回話をしたとしても、社長の思いがすべて伝わることはありません。

だから、社長は従業員に対して、自分の思いを伝える努力をずっとし続けないといけません。もし、従業員が自分の思うように動かなかったとしても、従業員が悪いわけではありません。社長と従業員の日ごろのコミュニケーションの結果が、従業員の行動になって表れているだけです。「あいつは、なんでわかってくれないんだ！」などと思わずに、ただただ「相手にわかってもらえるように伝える努力をしよう」と思って、とにかく自分の思いや考えを伝え続けます。

もっとも、従業員の人数が5～6人で、社長と従業員がいつも接することができる職場であれば、社長が従業員に直接話をして、わかってもらえることも多くなります。

しかし、従業員が20人、50人、１００人と増えてくると、社長の言っていることは従業員全員には伝わらなくなります。会社によっては社長が新規の仕事をとってきて、実務は従業員にまかせるという体制をとっているところもあるでしょう。ところが、せっかく社長が仕事をとってきても、従業員がその仕事をまかされるのをイヤがって、だれに仕事を振っていいものか悩むということも起こってきます。

従業員からすると、「ただでさえ忙しいのに、これ以上仕事を増やさないでほしい」というのが本音なのでしょう。そうやって従業員に煙たがれるようなことが続くと、社長も仕事をとるのが嬉《うれ》しくなくなってきます。

独立して社長をしようという人は、成長意欲や拡大意欲が高い人が多いので、たとえば去年の年商が1億円であれば、今年は1億3000万円をめざすのが当たり前だと思っています。しかし、従業員のなかには「売上が増えて忙しくなるくらいだったら、去年と同じでいいじゃないか」と思っている人もいます。なぜ業績を伸ばさないといけないのか、なんのためにこの仕事をしているのかということを、社長は従業員にはっきりと伝えることが不可欠です。

士業事務所は一般的に業績が上がって会社の規模が大きくなると、組織化・仕組み化が機能してそこで働く従業員の給与水準も上がります。逆に言うと、組織化・仕組み化がうまく機能しなければ規模は大きくなりません。なんのために業績を拡大するのかといえば、それによって「従業員の給料を上げるため」です。「業績が上がったら、みんなのお給料が増えるから頑張ろう」と、しっかりと従業員に伝えることが大事です。

3 人事評価制度とは「従業員が成長するための制度」

人事評価というと、役職の上の人が下の人に向かって、「この人は○」、「この人は×」

と評価すると思いがちです。しかし、人事評価制度はそもそも「従業員が成長するための制度」ですので、この会社で働き続けることで自分がどう成長できるのか、従業員自身が描けるようにすることが大事です。「この会社で働き続けることで、こんな可能性が広がります」、あるいは「この会社はこういう人を重要視します」と従業員に事前に伝えておくことが、人事評価制度がうまく機能するための重要なポイントの1つです。

就業規則とは違って、人事評価制度には法律で定められた基準がありません。どういう人を評価するかは、会社によって違っていてよいのです。

営業力が強く、売上が多く上げられる人を評価する会社もあれば、顧客に対してきめこまかい対応をする人を評価する会社もあり、社内がスムーズにまわるような社内調整や仕組み化、効率化が得意な人を評価する会社もあるでしょう。

世のなかにあるすべての会社から評価されるような仕事はありません。会社によって高く評価されるスキルは違います。ただ、会社として評価する以上は、「この会社では営業が得意な人を評価します」とか、「ITに強い人を公然と優遇（＝依《え》怙《こ》贔屓《ひいき》）します」とか、「あなたがコンサルティングの分野で成長するために、会社はこんなサポートをします」など、従業員全員に伝えておく必要があります。

ところが、社長のなかには自分の胸中にある評価基準を従業員に伝えることなく、勝手に評価をする人がいます。評価の基準が従業員にわからないと〝社長に迎合する人が評価される〟などと、まわりから見られるようになります。評価される人は、べつに社長に迎合しているわけではなく、社長の思いを汲《く》み取るのがうまいだけです。

たとえば、「うちの会社は営業に力を入れようとしているんだな」という社長の思いを汲み取って営業を頑張るので、社長からは評価されます。

評価されない人から見ると、「社長はあの人ばかり贔屓している。自分も頑張っているのにまったく評価されない。将来がないこんな会社は辞めようかな」と思うかもしれません。最初から「この会社ではこういう人を評価します」と全員に伝えておくと、「自分はここで頑張ろう」と思う人は頑張るだろうし、「ここでは頑張れない」と思う人は離れていくでしょう。

人事評価制度は、会社の理念やビジョン、行動指針に合わせてつくります。会社の理念やビジョン、方針がはっきりしていて、それを社内や外部に発信していくことができると、それに共感してくれる、会社に合った人が来てくれやすくなります。

逆に、会社の理念に合わない人は応募してきません。たとえば、営業ができる人を評価する会社だと思われると、営業が好きな人、得意な人が集まってきます。人事評価制度が決まり、どんな人を評価するのかがはっきりと書かれていると、それに合った人が応募してくれるようになります。評価の基準を言わずに、ぼんやりと「仕事のできるいい人を採用したい」と言っても、営業ができる人なのか、ＩＴに強い人なのか、コミュニケーションが得意な人なのか、どういう人が評価されるのかがわかりません。その結果、いろいろな人が応募してきます。

いざ入社してみたら、この会社では営業ができる人ばかりが評価されることに気がついて、「自分は営業が得意ではないから評価されない……こんなはずじゃなかった」と辞めてしまうのです。

なるほど！ 耳寄りコラム②　世界最古の人材募集広告

「探検隊員募集。わずかな報酬。極寒。まったく太陽を見ない日が何日も続く。生還の保証なし。ただし、成功すれば名誉と称賛が手に入る」("Men wanted for hazardous journey. Low wages, bitter cold, long hours of complete darkness. Safe return doubtful. Honour and recognition in event of success.")

これは、アーネスト・シャクルトン卿が、南極探検隊の隊員を募集したときの広告で、世界最古の人材募集広告の1つといわれています。どういう人が求められ、評価されるのかが一目でわかります。一説によると、この募集広告で、25人の募集人員に対して5000人以上が応募したとも言われています。

（参考）APU（立命館アジア太平洋大学）学長 出《で》口《ぐち》治《はる》明《あき》氏の記事
https://toyokeizai.net/articles/-/414734?page=2

4 人事評価制度をつくったら、とりあえず入れてみる

コンサルティングをはじめたころ、何社ものクライアントから、人事評価制度について、こんな悩みを聞きました。

・「従業員に給与をいくら払ったら妥当なのかがわからない」
・「会社も従業員も納得のいく昇給がしたい」
・「人事評価制度の本を読んだけど、ややこしすぎる」
・「評価制度の導入時に手間がかかる」
・「ましてや評価制度を運用するなんてとんでもない」

これでは、人事評価制度は導入できません。そこで、クライアント先でも導入できるように、まず私の会社で人事評価制度をつくってみました。当時、私の会社の従業員は3人。当然、従業員からは「見たらわかるのに、どうしてこんな制度が必要なんですか？」と聞

かれました。私は「今はいいけれども、そのうち私が1人で評価をするのは無理になるから」と言って、いろいろ試しながら人事評価制度をつくり、つくった制度をクライアント先でも導入していきました。

人事評価制度をつくるときに、私が考えたことは次の3つでした。

① 時間をかけて完璧なものをつくるのではなく、ざっくりとつくって、とりあえず使いはじめられること
② 運用に手間がかからない制度にすること
③ 従業員が納得しやすい制度にすること

この人事評価制度は人事の専門家の方が見たら不充分な制度と思われるかもしれません。しかし、人事評価制度は決して「つくって導入して終わり」ではなく、時間をかけて組織の成長につれてどんどんとブラッシュアップしていくものだと考えています。

その証拠にクライアント先でも私の会社でも、人事評価制度はブラッシュアップされ続けられています。

人事評価制度の心得① ざっくりとつくって、とりあえず使ってみる

人事評価制度は、最初から完璧なものをつくろうとせず、いったんつくってみて、「これでとりあえずはいいだろう」と思えたら、制度を導入します。6章でマニュアルも「10点合格」で使いはじめると書きましたが、人事評価制度も同じです。まず、ざっくりでいいのでつくって、とりあえず導入してみます。実際に運用しながら、会社の実情に合わせてブラッシュアップしていったほうが結果的に早くいいものができあがります。

人事評価制度の心得② 運用に手間がかからない制度にする

人事制度の導入や運用に手間がかかれば、使い続けるのが難しくなり、だんだんと形骸《けいがい》化《か》します。運用に手間がかからないことは人事制度を導入するには必須です。

人事評価制度の心得③ 従業員が納得しやすい制度にする

理想としては、従業員全員が幸せになる制度ができればいいと思いますが、そういう制度はそもそもつくるのが難しいです。全員ではなく、なるべく多くの従業員が納得しやすい制度をつくろうと思ってつくります。

5 社長が評価しないと、人事評価制度はうまく機能する

人事評価制度を設計するときに重要なことは、社長が評価をしなくても評価が行われるような仕組みにすることです。社長は人事評価制度がうまくまわるように仕組みをつくるだけで、評価は従業員が相互に行うようにします。このことを「人事評価制度の**自走化**」と言います。

人事評価制度を自走化させる目的（＝効用）は、次の3つです。

① 従業員の不公平感を極力減らす
② 社長が評価にかける時間を減らし、本来業務にかける時間を増やす
③ この会社で働き続けると自分がどう成長できるか、従業員自身が描けるようになる

人事評価制度「自走化」の効用① 従業員の不公平感を減らせる

社長自身が従業員を評価すると、どうしても従業員は不公平感を感じてしまいます。「人事評価制度の自走化」を実現すると、社長は従業員の評価をせず、従業員が互いに

評価をするので、従業員の不公平感がゼロにはならないまでも、かなり減らすことができます。はじめのうちはなかなかうまくいかないかもしれませんが、続けていくうちに本人も「自分の評価はこんなものだろう」と納得し、まわりの人も「あの人の評価は、まあ妥当だろうな」と思えて、従業員全員の納得感が得られるようになってきます。

人事評価制度「自走化」の効用②
社長が本来業務にかける時間を増やせる

ほとんどの中小企業で、人事評価は社長が従業員を評価する形をとっています。これは社長にとっても、手間がかかり、気もつかう大仕事です。

しかも、社長は従業員がやっていることをすべて知っているわけではなく、自分が知っている範囲でしか評価できません。従業員からすると、社長の知らないところで頑張っている人は評価してもらえず、目立つ従業員だけ評価されるという不公平感が生まれます。こうなると、社長と従業員が対立してしまいます。

人事評価制度を自走化させると、社長の仕事は、従業員を評価することではなく、組織の成長に合わせて人事評価制度をブラッシュアップすることになります。社長自身が従業員の評価にかけていた時間が減り、経営や営業、社内の仕組みづくりなど、社長本来の仕事に集中できるようになります。

人事評価制度「自走化」の効用③ 勤続による自己成長像を従業員自身が思い描ける

人事評価制度の理想は、制度を導入することで、社長と従業員が同じ方向を向いて進めるようになることです。

そのためには、従業員の成長を会社のビジョンや目標の1つにするとよいでしょう。従業員が成長するために会社がどうやったら手伝えるのかという観点で人事評価制度を設計するとうまくいきます。

アメリカの心理学者、F・ハーズバーグが提唱した「2要因理論」によると、人には仕事に対して満足を感じる要因と不満を感じる要因があり、前者を**動機づけ要因**、後者を**衛生要因**と呼びます（図表7－1）。

動機づけ要因は、「これがあれば頑張れる」というポジティブな要因で、「仕事そのもの」「達成」「評価」「責任」

図表7-1 F・ハーズバーグ※の「2要因理論」

「満足」をもたらすファクター 動機づけ要因	「不満」をもたらすファクター 衛生要因
成果	同僚との関係
仕事そのもの	上司との関係
達成	企業の方針
昇進	給与
評価	監督
成長の機会	職場環境
責任	ステータス
	労働条件
	安全

※フレデリック・ハーズバーグ（1923～2000年）は米国の臨床心理学者

などです。これらが満たされると人は満足感を得られますが、なかったからと言って不満が出てくるわけではありません。

もういっぽうの衛生要因は、これがなければやる気が削《そ》がれるというネガティブな要因で、「同僚との関係」「企業の方針」「職場環境」「労働条件」「給与」などです。同僚との関係が悪かったり、給与が少なかったりすると不満を感じますが、逆にこれらの要因が満たされたからといって満足を感じるわけではありません。

今の時代は、衛生要因を満たしただけでは従業員はやる気になりません。

ひとむかし前のように「給料を上げたら仕事をするだろう」という考えは通用しません。

給与を上げても、やる気が下がらないだけです。

給与や賞与は、会社が従業員に対して守らなければならない最低限の約束でしかない。

これが現実なのです。

「給料を払っているから、仕事をするのが当たり前」ではなく、従業員が「仕事を達成し、充実感が得られること」や「仕事を通して成長を感じられること」といったポジティブな動機づけ要因が必要になります。ここを勘違いすると、「従業員がなかなか動いてくれない」と嘆くことになりかねません。

6 会社の理念やビジョン、行動指針をベースに人事評価制度をつくる

人事評価制度をつくるときに意識するポイントは次の2つです。

① 評価の対象となる目標は、従業員自身が会社のビジョンに沿って決める
② 給与査定のプロセスはオープンにする

ポイント① 評価の対象となる目標は、従業員自身が会社のビジョンに沿って決める

評価基準や評価項目の詳細は、会社によっても違いますので、ここではくわしく書きません。ただ、会社の理念やビジョン、行動目標に結びつけて評価項目をつくると、評価の軸がぶれません。

ポイント② 給与査定のプロセスはオープンにする

評価する際に一番重要なのは、社長が評価しないことです。半年ごとの従業員の評価は、従業員どうしで評価します。お互いに評価することで、本人もまわりも納得できるような

評価制度になっていきます。

具体例があるとわかりすいので、人事評価シートの事例を見ていきます（図表7－2）。

この例では、会社の行動指針〈バリュー〉を評価の対象にしており、それぞれの項目について、〈本人〉と〈本人以外の従業員5人〉が評価しています。

図表7－2の例で、もしも社長が「この従業員の〈3 真摯な姿勢〉の項目は（5段階評価の）〝2〟だな」と思ったとしても、従業員が決めた評価を変えることはありません。

1つの項目について、本人の評価とほかの従業員が見たときの**評価が違っていた場合**、あるいは従業員間で**評価に差が出ていた場合**は、なぜそのようなことが起こっているのか、社長や部門のマネージャーがコーチングをしながら本人に考えてもらいます。

こうして、会社のビジョンやバリューについて繰り返し考えることで、会社のビジョンやバリューが自然と従業員に浸透し、全員が同じ方向を向くようになります。

この評価基準を全従業員が納得する形で、全員が同じ評価（たとえば、この従業員の〈3 真摯な姿勢〉は、だれが評価しても4点）になるように、ＰＤＣＡを何回もまわすことで評価の精度を上げていきます。

【点数について】1（劣る）欠けていた・2（やや劣る）不足していた・3（標準）できていた・4（優秀）積極的に実施していた・5（最優秀）他の社員の模範になっていた

バリュー	内容	本人	（山本）	（木下）	（松本）	（佐藤）	（村田）
1感謝の気持ち	お客様は、私たちと共に成長し続けるパートナーです。だからこそ、常に心遣いと感謝の気持ちを大事にします。	1・2・3・④・5	1・2・3・④・5	1・②・3・4・5	1・2・3・4・⑤	1・2・③・4・5	1・2・3・④・5
2それぞれの"成功"	"成功"の形は人それぞれ。大切な一社、一社の"成功"を理解して、丁寧かつオーダーメイドのサービスを提供します。	1・2・③・4・5	1・2・③・4・5	1・②・3・4・5	1・2・3・4・⑤	1・2・③・4・5	1・2・③・4・5
3真摯な姿勢	「時間を厳守し、相談や課題には即時対応する。」私たちはこの姿勢を大切にして、どんなことでも真剣に対応します。	1・2・3・④・5	1・2・③・4・5	1・2・3・④・5	1・2・③・4・5	1・2・3・④・5	1・2・③・4・5
4目指せ！5年後	5年後の私を目指し、常に高い次元を求めます。そのために、1日1日やるべき事を全力でやりとげます。	1・2・3・④・5	1・②・3・4・5	1・2・③・4・5	1・2・3・④・5	1・2・③・4・5	1・②・3・4・5
5目的の先のその先	私たちは、3つ先の目的を考えます。その目的が明確であればあるほど、周りの人たちの成功につながります。	1・2・③・4・5	1・2・3・④・5	1・2・③・4・5	1・2・③・4・5	1・2・3・4・⑤	1・2・③・4・5
6日々勉強	私たちは、自己学習を常に欠かさない税務・会計のプロフェッショナルです。	1・2・③・4・5	1・2・③・4・5	1・②・3・4・5	1・2・③・4・5	1・2・③・4・5	1・2・3・④・5
7想いが第一	相手の反応が、自分のコミュニケーションの成果であるという謙虚さを忘れません。	1・2・3・④・5	1・2・3・④・5	1・2・③・4・5	1・2・3・④・5	1・2・3・④・5	1・2・③・4・5
8報・連・相	常に報・連・相を実行し情報共有することで、適切な優先順位のもと、スピーディーに仕事を進めます。	1・2・3・④・5	1・2・③・4・5	1・②・3・4・5	1・2・3・④・5	1・2・3・④・5	1・2・3・④・5
9いつも笑顔	私たちは、気持ちの良い職場を保つために、整理・整頓・清掃を充実させ、いつも笑顔で接します。	1・2・③・4・5	1・2・③・4・5	1・2・3・④・5	1・2・③・4・5	1・2・③・4・5	1・②・3・4・5
10素直・誠実	わからない事は聞く"素直さ"と真面目に取り組む"誠実さ"を持ち合わせます。	1・2・3・④・5	1・2・3・④・5	1・2・③・4・5	1・2・3・④・5	1・②・3・4・5	1・2・③・4・5
11展開底上げ	私たちは、自身で得たノウハウを水平展開しながら、チーム全体の質を高めます。	1・2・3・④・5	1・2・③・4・5	1・②・3・4・5	1・2・3・④・5	1・2・③・4・5	1・2・③・4・5
12仕組みの上に努力	ダブルチェックが機能するルーティーンをつくりながら、より良い仕組みを目指し常に改善し続けます。	1・②・3・4・5	1・②・3・4・5	1・2・③・4・5	1・2・③・4・5	1・2・3・④・5	1・2・3・④・5
13尊重・調和	一人一人の個性・経験を尊重しつつ、支え合い、助け合い、思いやりのある調和のとれた職場環境を作ります。	1・2・3・④・5	1・2・3・④・5	1・2・③・4・5	1・2・3・④・5	1・2・③・4・5	1・2・③・4・5
14ザ・ティーチャー業	「何をさしおいても会いたい」そう思われ、必要とされる私たちを磨き続けます。	1・2・3・④・5	1・2・3・④・5	1・②・3・4・5	1・2・3・④・5	1・2・3・④・5	1・2・③・4・5
15日々革新	私たちは、社会のルールを守りながら、時代が求める様々なニーズに応えます。	1・2・③・~~④~~・5	1・2・3・4・⑤	1・2・3・④・5	1・2・③・4・5	1・2・③・4・5	1・2・3・④・5
16安心・安全・ポジティブ	私たちは、自らを成長させている仲間のプラットフォームであり続けます。	1・2・③・4・5	1・2・3・④・5	1・2・③・4・5	1・2・3・④・5	1・2・③・4・5	1・2・3・④・5
	合計	56 ~~57~~ 点	55 点	45 点	60 点	54 点	52 点

※バリュー項目、内容についてリニューアルの提案がある場合は赤ペンで修正してください。よりよいバリューにするために、是非みなさんのリニューアル案を教えて下さい（歓迎）！

図表7-2　人事評価シートの事例

人事評価制度をつくったときは一気に取り入れようとせずに、**まずはできそうなところから**入れてみて、従業員とともに時間をかけて検証し、見えてきた問題点を少しずつ改善していきます。

制度はつくって導入したら終わりではありません。まずは10点の制度かもしれないけれども、導入して1年間かけてＰＤＣＡをまわしながら20点にする、次の年もまたＰＤＣＡをまわして30点にする、というように少しずつ制度をブラッシュアップしていきます。

7 賞与を支給するタイミングで、会社の伝えたいことを再確認させる

年に1～2回、給料とはべつに従業員に払うのが賞与《ボーナス》です。社長として賞与を払う立場になると、「従業員のみなさんのために賞与として何百万円も払っているんです。これだけ賞与として払ってしまったら、かなり大変なのに、頑張って払っているんですよ」と従業員に声を大にして言いたくなります。

しかし、残念ながら従業員として働いていると、賞与はもらって当たり前だと思ってい

て、ありがたいともなんとも思わないのです。

とはいえ、さすがに賞与をもらうときは、従業員たちが社長の話を少し聞いてくれる、1年で唯一といっていいくらいの特別な日です。この絶好の機会に「ご苦労さま」という声とともに〝あなたの賞与は〇〇万円です〟と書いた紙（図表7－3）をなんとなく渡すだけでは、あまりにもったいなさすぎます。せっかくの機会、社長の思いをしっかりと従業員に伝えましょう。

令和5年12月1日

木村殿

賞与決定通知書

半年間お疲れさまでした。
今回の振り返りシートの業績評価の結果、あなたの賞与額を以下の通り決定しましたので通知いたします。

賞与額	＊＊＊,＊＊＊円

<計算根拠>

			備考
入社年月日	2016/3/25		
コース	アシスタント		
ランク	M		
基本給	***,***円	A	令和5年4月1日時点の数値。以下同じ

図表7-3　賞与決定通知書

では、賞与を渡すとき、なにを伝えたらいいのか？

たとえば、「この会社は従業員のみなさんのお給料を上げるためにやっています。社長である私はそのために今年も頑張りました」と伝えるのです。

賞与のときにそのように伝えるために年度のはじめ、全員に対して「今年度みんなが頑張って利益がこれぐらい出たら、全体で〇か月ぶんの賞与を支払うから、みんなで頑張ろう」と伝えます。

半年後に賞与を支払うタイミングで、1人1人の従業員と面談して、賞与決定通知書（図表7－3）を見ながらメッセージを伝えます。中間目標を達成していたら、「みんなが頑張って目標を達成したから、賞与は満額払います！」と伝えます。

もし、目標の8割しか達成できていなかったら、「目標に届いていないので、今回の賞与は全体で○○万円払います。でも、私は年初に言ったことは忘れていません。私も年度末まではあきらめずに頑張るので、みんなも頑張って目標を達成しましょう」と伝えます。

8 経営計画発表会の場を活用することで、自社の成長を加速させる

1年のはじめに経営計画発表会を開催することで、従業員全員が会社の現状や将来めざすべき姿を確認することができます。

せっかく時間をかけて準備して経営計画発表会をするのならば、取引先やクライアント、金融機関など**外部にも公開**してやることをおすすめします。

経営計画発表会を外部に公開するといい理由は次の4つです。

①健全な強制力を発揮させる
②関係性メリット（当社に関わることの利点）を外部の人に知ってもらう
③クライアントや取引先などが自社で経営計画発表会を開催する際のヒントになる
④従業員が自分の言葉で会社のビジョンを語れるようになる

経営計画を公開する効用① 健全な強制力を発揮させる

人前で「今年度はこれをします」と宣言した以上、やらないわけにはいかなくなります。これを**健全な強制力**と言います。経営計画発表会で社内だけでなく外部に向けても「今後こんなことをやっていきます」と宣言すると、翌年の経営計画発表会で、1年前にやると言った目標に対する結果を発表しなければいけなくなります。だれでも「できませんでした」というよりは、「できました！」と言いたいものです。そうすると、「どうしてもやり遂《と》げよう」と思うようになり、仕事への意欲がわいてきます。

経営計画を公開する効用② 関係性メリットを外部の人に知ってもらう

経営計画発表会では、会社のビジョンや、自分たちがどこに向かっているのか、今後どんなことをやっていくかを発表します。取引先やクライアントにそのことを知ってもらい、「この会社に関わることで、自社にはどんなメリットがあるだろうか？」と考えてもらうことができます。たとえば、今後やる予定の新規事業のことを事前に知ってもらうことで、新たにパートナーになろうという会社が現れたり、応援したいと思ってくれる人が出てくるかもしれません。自分たちと関わり、応援してくれる人を増やすためにも、経営計画発表会を外部に公開するといいのです。

経営計画を公開する効用③ 取引先などが経営計画発表会を開催する際のヒントになる

士業の事務所は、自社で経営計画発表会を開催して、取引先やクライアントなどに参加してもらうと、取引先やクライアントが、自社の経営計画発表会をするために参考にすることができます。

経営計画を公開する効用④ 従業員が自分の言葉で会社のビジョンを語れるようになる

経営計画発表会をはじめた最初の何年間かは、前年の業績も今後の方針も社長1人で発表します。数年後、従業員にとっても経営計画発表会がどんなものかがわかってきたら、マネージャーに自分の部門について〈昨年の業績発表〉と〈今後の方針の発表〉をまかせます。発表をまかされることでマネージャーは、自社の将来を見据えたうえで自部門のあり方や、自分や部下がどうしていくかを考えます。そうすることで、マネージャーの視座も一段高くなり、自分の言葉でビジョンを語ることができるようになります。また、発表する内容を精査していくなかで、本気で目標をかなえたいと思うようになり、目標が実現する可能性が高まります。

9 経営計画発表会も10点合格ではじめて、数年かけて少しずつブラッシュアップさせていく

自分の会社で外部の人も招いて経営計画発表会をしようと思ったときに、実際にどうしていったらいいのか、簡単に手順を説明します。

まず、最終的なイメージを描いたら、最初からいきなり完成形をめざさずに、それを3年ぐらいかけてやるつもりで計画します。

1年め

1年めは、1時間程度の社内向けの発表会をやります。発表者も社長だけです。社長もまだ自信をもってやっているわけではないし、従業員はなにが起こるか、わけがわからない状態ですが、とりあえずやってみます。やってみると、たとえば1時間では時間が足りないので2時間必要だ、といったことが見えてきます。

2年め

2年めは、前年の結果を踏まえて改善すべきところは改善し、2時間かけてやります。私の会社では2年めからマネージャーに〈部門方針の発表〉と〈前年度の結果についての発表〉をしてもらいました。2年連続で同じことをやると、従業員が、「うちは毎年、経営計画発表会をやるんだな」と理解します。良い意味でのマンネリズムです。

ポイントは「毎年、同じ日にやる」と決めることです。たとえば私の会社の場合、6月の第1金曜日と決めています。

3年め以降

3年めは、内容は2年めのままで外部の人を呼び、今まで社内の会議室でやっていたのを、外部の会議室を借りてやります。場所は変わりますが、従業員から見れば3年めはお客様が増えるだけです。外部の人に来てもらうときも、1回めはそんなにたくさん外部からは人を呼ばずに、自分を応援してくれそうな社長や、自分の友人・知人に声をかけます。10人ぐらい来てくれるといいのではないかと思っています。

次の4年めにはもう少し来てくれる範囲を広げて人数を増やすとか、外部にオンラインで配信をする、というように、毎年少しずつできることを増やしていきます。

このように経営計画発表会をするときも、複数年かけて少しずつできることを広げていくのが手順としては一番やりやすいと思っています。

そして、経営計画発表会をするときには、私は外部の人に見てもらったほうがいいと思っています。そうすることで会社の本気度が外部にも伝わるからです。メインバンクなど銀行の関係者に参加してもらい、〝今年はこんなことをやっていきます〟と高らかに発表することで、銀行に対しても本気度を伝えることもできます。

外部の人に参加してもらって経営計画発表会をすると、社長や従業員の覚悟が決まって目標達成に向けて行動しやすくなり、参加した人からも応援してもらいやすくなるので、よいことばかりです。

8章

同業のM&Aを活用して年商1億円超え！

この章のはじめに

新しく事業をはじめるときは、なにもないところから事務所を借りて人を雇い、クライアントを募集してはじめるのが本筋です。でも、そういう手順を踏まず一気に事業を拡大できる方法があります。それが本章でとりあげる**M&A**です。

極端な話をすると、たとえば〝50人規模の会社をめざそう〟と思ったときに、毎年1人ずつしか採用できないとしたら、達成には50年かかります。これに対して、M&Aで50人規模の会社を買うと、すぐに目標達成です。このように、M&Aは事業を一気に拡大するにはとても有効な手段と言えます。

しかも、ここ数年のあいだにM&Aの状況はずいぶんと変わりました。

以前はM&Aというと、買収価格が数億円といった高額な案件ばかりでした。しかし今は買収価格が数万円とか数十万といった案件がずいぶんと増えました。もちろん、いくらM&Aが以前よりも気軽にできるようになってきたとしても、会計事務所など士業の事務所がM&Aをする場合、たとえば喫茶店や寿司屋など、まったく畑（業種）が違う相手をM&Aするのは、どうしても躊躇《ちゅうちょ》してしまうことでしょう。

どんな業種であれ、どうやって利益を出すのかは、その道のプロでないとわかりませんから、やってみようとは簡単には思えません。しかし、同じ士業の事務所のＭ＆Ａであればどうでしょうか？　事業内容はよくわかっているので、「だったら、いちどやってみようか」と思えるのではないでしょうか？　うまくいけば、Ｍ＆Ａをした先が所有しているオフィスやベテランの従業員、さらにクライアント先を一気に増やせます。事業を大きくしたいと思っている会社にとって、Ｍ＆Ａをうまく活用することができれば、時間をかけずにビジネスを拡大できるチャンスになります。

新事業の立ち上げで経験を積んできた方たちの多くが、自分で踏みしめてきた道を振り返りつつ、やはり〝Ｍ＆Ａは難しそうだ〟〝なんとなくうまくいかなさそうだ〟と思われてしまうのは理解できます。なにしろ、私もずっとそう思っていましたから。

しかし、なにごともご縁です。

クライアントから「いちどＭ＆Ａをやってみないか？」と勧められ、えい、やったる！とＭ＆Ａの海に飛び込んでみたところ、そこは泥沼でも底なし沼でもなく、思っていたほど難しいこともないまま、より広く高いステージへと漕《こ》ぎ出すことができました。

しかも、関わる人みんながハッピーになれる仕組みをつくることも、やりようによっては可能なのだとわかってきたのです。また、実際にいちどやってみたことで心理的なハードルもなくなりました。その後もいくつかM&Aの案件を手がけたこともあり、今ではM&Aの問い合わせもずいぶんと増えてきました。結果として、現在は1つのビジネスとしてやっています。

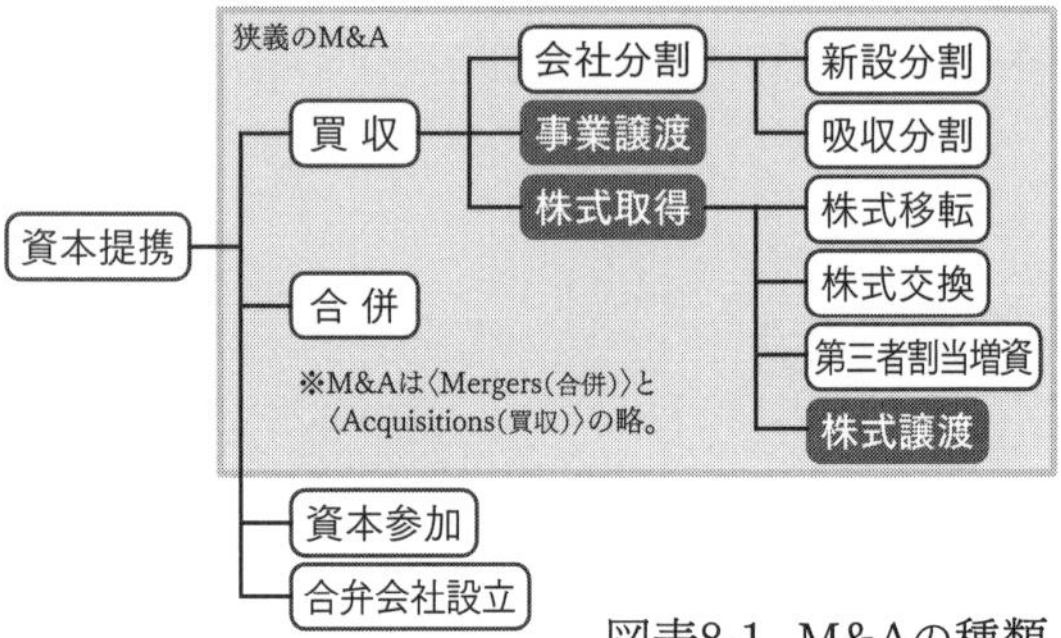

図表8-1　M&Aの種類

ひと口にM&Aと言いますが、その種類は多く、必要な手続きも異なります。図表8-1にM&Aの種類について一覧にしました。図表の全体、すなわち〈資本提携〉全体が広い意味でのM&Aですが、本章で扱うM&Aはそのうちの〈事業譲渡〉、および〈株式取得〉のうちの〈株式譲渡〉という比較的手続きが簡単なもの（図表の文字白抜きの網かけ部）にしぼっています。

なお本章では、会計事務所のM&Aを例に説明しますが、ほかの士業事務所でもやることはまったく変わりません。読んでくださったみなさんに、「自分もできそうだ。いちど

M&Aをやってみよう」と思ってもらえればいいなと思っています。

1 なかなか改善しない中小企業の事業承継の問題

日本の中小企業の経営者が高齢化しており、後継者がいないために事業承継ができないという問題は、平成20年ぐらいから顕在化し、以来ずっと言われ続けています。

中小企業庁によると、今の中小企業の経営者の年齢は、60代から70代が主流です（図表8－2）。

そのなかで経営者が70代以上の会社では約

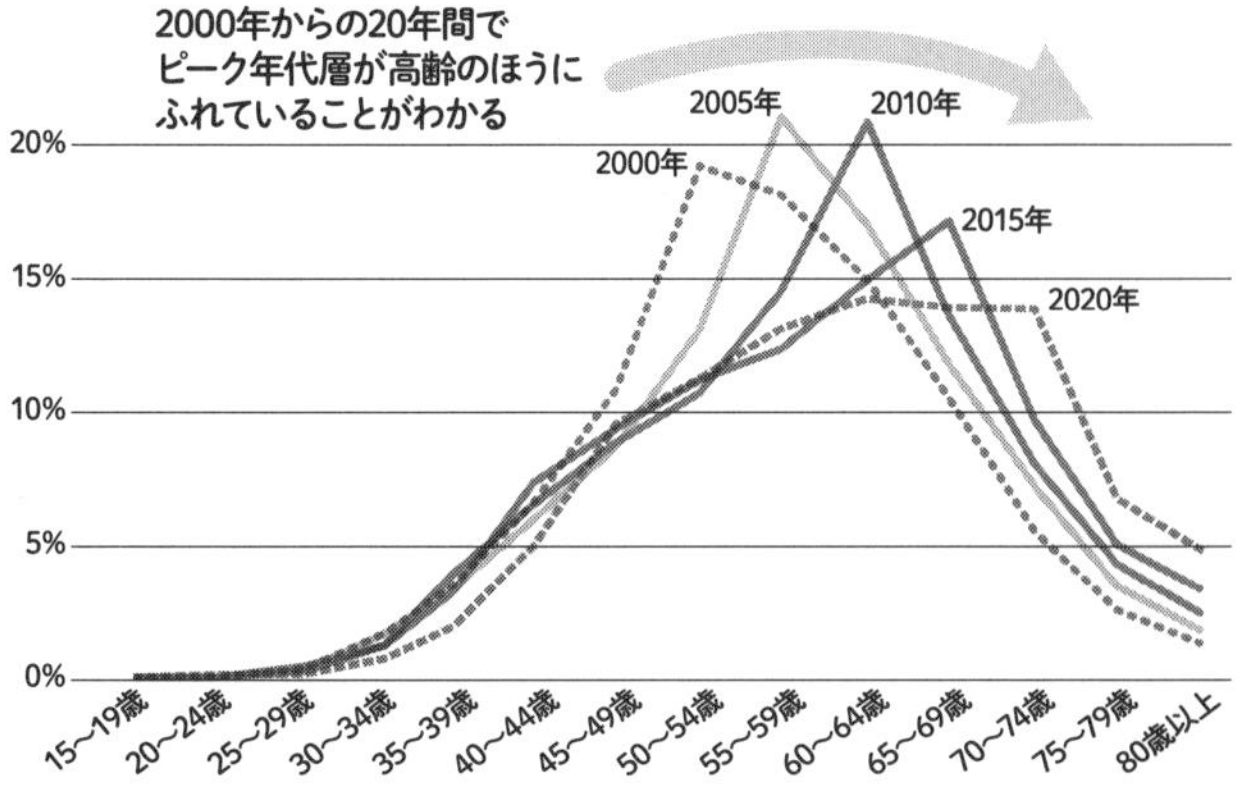
2000年からの20年間で
ピーク年代層が高齢のほうに
ふれていることがわかる
2000年
2005年
2010年
2015年
2020年
20%
15%
10%
5%
0%
15~19歳
20~24歳
25~29歳
30~34歳
35~39歳
40~44歳
45~49歳
50~54歳
55~59歳
60~64歳
65~69歳
70~74歳
75~79歳
80歳以上

図表8-2　年代別に見た中小企業の経営者年齢の分布
（出典：2022年 中小企業白書）

図表8-3　年代別 後継者不在率の推移

近年、不在率は漸減（改善）傾向だが…

年代別 ＼ 年別（2016年以降）	2016	2017	2018	2019	2020	2021	2022 (%)	2021年比（対前年比較）	2016～2018年比（対太字＝ピーク時比較）
30代未満	**94.5**	↘ 92.1	↗ 94.1	↘ 91.9	↗ 92.7	↘ 91.2	↘ 89.3	△1.9pt	△5.2pt
30代	91.3	↗ 92.4	↗ **92.7**	↘ 91.2	↘ 91.1	↘ 89.1	↘ 86.3	△2.8pt	△6.4pt
40代	88.0	↗ 88.1	↗ **88.2**	↘ 85.8	↘ 84.5	↘ 83.2	↘ 79.3	△3.9pt	△8.9pt
50代	**75.7**	↘ 74.8	→ 74.8	↘ 71.6	↘ 69.4	↗ 70.2	↘ 65.7	△4.5pt	△10.0pt
60代	**54.3**	↘ 53.1	↘ 52.3	↘ 49.5	↘ 48.2	↘ 47.4	↘ 42.6	△4.8pt	△11.7pt
70代	**43.3**	↘ 42.3	↘ 42.0	↘ 39.9	↘ 38.6	↘ 37.0	↘ 33.1	△3.9pt	△10.2pt
80代以上	**34.7**	↘ 34.2	↘ 33.2	↘ 31.8	→ 31.8	↘ 29.4	↘ 26.7	△2.7pt	△8.0pt
全国平均推移	66.1	↗ **66.5**	↘ 66.4	↘ 65.2	↘ 65.1	↘ 61.5	↘ 57.2	△4.3pt	△9.3pt

出典：帝国データバンク「全国企業「後継者不在率」動向調査（2022）」に加筆修正
https://www.tdb.co.jp/report/watching/press/pdf/p221105.pdf

3割（70代は33・1％／80代以上は26・7％）が後継者がいない状況です（図表8－3）。そういう会社は、後継者がいないままでいくと、会社をつぶすしかありません。これが赤字の会社だったら、つぶれても仕方がないかもしれません。ところが、黒字で将来性のある会社であっても、後継者がいないために廃業せざるを得ないという事態も起こっています。

そういった黒字企業で将来性がある事業、日本の今後を担うような産業は、M&Aを通して技術移転をしていく必要があります。

国も、中小企業の事業承継の問題を重要課題としています。

中小企業庁や事業引継ぎセンターでも事業承継を支援していたり、M&Aをするときには公庫の融資の別枠が設けるなどの支援策もとっています。国の統計レベルでは中小企業の事業承継の問題は、多少ながら改善の兆しがあるとはいえ、まだまだ大きい問題です。

2 中小企業を支える会計事務所も事業承継問題をかかえている

中小企業を財務面から支えている会計事務所も、同じような問題をかかえています。税理士の平均年齢は60代であり、平成26年（２０１４年）の調査でも全体に占める60代以上の割合は54％（図表８－４の60～80代合算＝30＋13＋11％）。今ではもっと高齢化が進んでいると考えられ、ほかの士業とくらべても高齢化問題が顕著です。

図表 8-4　税理士の年齢構成

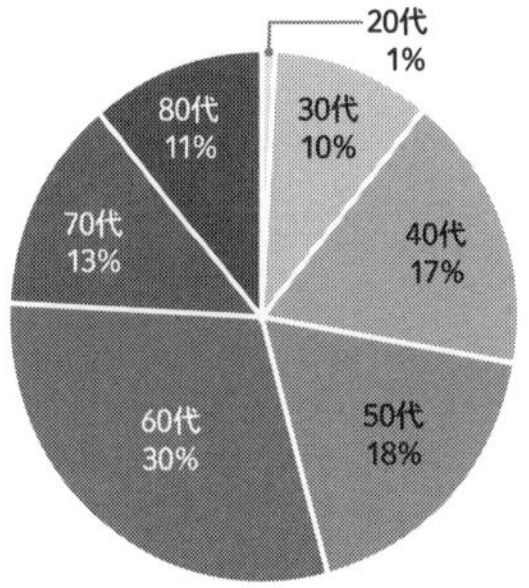

出典：日本税理士連合会『第6回税理士実態調査』（平成26年1月1日現在）より作成

なぜ税理士に高齢者が多いかというと、いくつか理由があります。１つには税務署の職員が定年退職してから税理士になるケースが多いためです。65歳になってから税理士として起業し、70代になったときには事務所の従業員が3人くらい、クライアントが30社ぐらいある、といった小規模の会計事務所は多くあります。税理士には定年がないので、自分で「やめたい」と思わないかぎり、いつまでも働き続けることができます。

税理士の平均年齢が上がるもう1つの理由は、税理士試験には**科目合格制度**があるので、数年がかりで税理士資格を取得し、税理士として仕事をはじめる人も多いからです。

高齢化が進んでいる税理士業界でも、後継者不足による事業承継の問題は避けて通れません。税理士業界での事業承継問題には、2つのパターンがあります。

1つは、税理士が70代、80代と高齢になって、だれか後を引き継いでくれる人を探したいというケースです。

今までは、こういう会計事務所が多かったのですが、最近は少し変わってきていて、70代後半や80代になっても、まだまだ元気で、仕事を続ける税理士が多くなりました。

変わって最近増えてきたのが、5人くらいの会計事務所の事業承継問題です。そういう小規模の事務所には、税理士の下にナンバー2として実務上で事務所を仕切っている番頭さん格のまとめ役の従業員がいます。そのような会計事務所で、いきなり番頭さん格の従業員が辞めてしまうというケースが増えてきました。

辞める理由はいくつかあります。たとえば、ずっと税理士をめざしていたけれども、長年やっても受からないのであきらめて一般企業に就職したり、自分も税理士資格をもっていて、いずれ勤めている会計事務所の後を継ぐつもりにしていたけれども、所長と仲たがいして事務所を辞めてしまうケースなどです。

実務面で事務所を切り盛りしていた番頭さん格の従業員が辞めてしまうと、今は小規模な会計事務所の採用状況はたいへん厳しく、すぐにナンバー2になれるようなベテランの従業員はまず採用できません。

未経験の人を採用したとしても、事務所のことは番頭さんにまかせっきりだった高齢の先生には、新人の教育をすることはできません。事務所を続けたくても、結局どうしようもなくなって辞めざるを得なくなるというケースが、最近は増えています。

所長が高齢になって辞めたり、番頭さん格の従業員が辞めて機能不全になった会計事務所が、大手や中堅の税理士法人にM&Aされることもあります。M&Aをされた会計事務所が、いきなりM&A先の方針に合わせなければならない場合は、クライアントにとっては、顧問料が突然上がったり、従業員は仕事のやり方が違って、とまどったりといったことが起こります。とくに使っている会計ソフトが変わる場合は大ごとで、新しいソフトの使い方をはじめから覚えないといけないので、年配の従業員は大わらわです。

結局、残された従業員もクライアントも新しいやり方についていけず、会計事務所がM&Aされたタイミングで従業員が辞めたり、クライアントが離れるといったことが起こります。

3 会計事務所のM&Aでは、先代の所長の思いをどう引き継ぐかが大切

会計事務所のM&Aをする場合は、M&Aをした側の会計事務所（以下「A税理士法人」とする）が、M&Aをされた側の会計事務所（以下「B会計事務所」とする）のB所長のビジョンや思いをどう引き継ぐか、従業員にスムーズに仕事をしてもらえるためになにをするのか、クライアントが離れていかないためになにをするのか、といった点が一番のポイントになります。

とくに、M&Aをされた B会計事務所の所長には、今まできちんと仕事をしてきたというプライドもありますし、従業員やクライアントのためにも〝しっかり引き継がないといけない〟という自負もあるので、そういう思いをいかにうまく次の世代に引き継ぐかが大事になってきます。

そのためには、できれば3年間はM&AをしたA税理士法人のやり方を押しつけるのではなく、M&AをされたB会計事務所のやり方のままで業務を続けます。

具体的には、次の4つのポイントを押さえれば、会計事務所の事業承継をスムーズにすすめることができます。

①M&AされたB会計事務所をA税理士法人のB支店として登記する
②先代のB所長に3年間、A税理士法人のB支店の支店長として残ってもらって、業務やクライアントの引き継ぎをしてもらう
③B支店長がトップである3年間は、A税理士法人はB支店の運営には積極的には関与しない
④A税理士法人は、B会計事務所を取得した価格と同額を3年かけてB支店長の役

通常のM&Aでは、M&Aされた会社からM&Aをした会社への業務などの移行期間は1か月ぐらい。どのように業務を移行するかについてはトップどうしで決めますが、従業員にとってはM&Aをされただけでもショックなのに、なにもわからないまま、いきなり新しい上司のもとで働くことはストレスになります。「自分はこれからどうなるんだろう?」と不安にもなります。従業員やクライアントが新しい会計事務所になじむためにも、**M&A実施後の移行期間は3年間くらいの長期でとるのが理想**です。

具体的には、まず、M&Aをされた側のB会計事務所は、そのままA税理士法人のB支店にします。先代のB所長には、そのままそのB支店の支店長として3年間は働いてもらい、そのあいだに徐々にクライアントを引き渡してもらいます。従業員は、上司であるB支店長も勤務場所も変わらないので、安心して仕事をすることができます。

このやり方は、M&Aをした A税理士法人にもメリットがあって、B所長にそのまま支店長として残ってもらうことで、B支店の所属税理士を新たに探す必要がなくなります。

そのあいだにM&AをしたA税理士法人は、のちに新所長となるCさんを先代のB所長の下につけて、時間をかけてC次期支店長がB支店の従業員やクライアントと関係を築くようにします。

このように、引き継ぎの期間をかなり長くしておくことで、従業員も安心して働けますし、C次期支店長が先代のB所長から信用してもらうための時間も充分にあります。

3年後に先代のB所長が勇退したときには、残った従業員は、C支店長とのあいだに信頼関係もできていますし、クライアントもC次期支店長の人となりがわかっているので、すんなりと業務の引き継ぎができるのです。万が一、引き継ぎ期間のあいだにどうしてもうまくいかないという最悪の事態になったとしても、A税理士法人は今後どうするかについてB所長と話し合うこともできます。

逆に、最もまずいやり方は、先代のB所長にはすぐに辞めてもらい、事務所も移転して、仕事のやり方もM&AをしたA税理士法人に合わせることです。

そうすると、まず従業員が「これから大丈夫だろうか？」と不安になります。

クライアントも、急にやり方が変わると聞くと、「新しいやり方になじめないのではないか？」とか、「顧問料が高くなるのではないか？」と不安になります。

このように、先代のB所長がすぐに離れることのデメリットは大きくて、B会計事務所がM&Aされたタイミングで、「B所長がいないんだったら、もういいわ」と思ったクライアントが離れていったり、従業員が辞めていくことが多くあります。

4 移行期間が長いことは、金銭面でもメリットが大きい

M&Aで3年間の移行期間があることは、M&AをしたA税理士法人にも、M&Aをされた B会計事務所にも、お金の面でもメリットがあります。

たとえば、先代のB所長が会計事務所を3000万円で売るとします。引き継ぎ期間が1か月しかない場合、買ったA税理士法人がすぐに3000万円を全額払おうとすると大変ですが、引き継ぎ期間が3年あると、3年かけて分割払いができます。

先代のB所長にしても、A税理士法人のB支店に3年間支店長としているほうが、税制上で有利です。引き継ぎ期間が1か月だと、B会計事務所を売った3000万円は、事業所得になってすぐに税金を収めないといけません。

ところが、B会計事務所を売却してから3年後にB所長が辞めるのであれば、辞めるまでの3年間に、たとえば年間500万円ずつを、B支店長に給与として支払います。専門的な話になりますが、そうすると1500万円は給与所得になるので、給与所得控除が使えるし、消費税もかかりません。残りの1500万円はB支店長が3年後に完全に辞めるときに退職金にします。

退職金は日本の税制のなかで最も有利な所得です。B支店長から見ても、自分が3年間残って3000万円をお給料と退職金としてもらったほうが、事務所を売ったときに事業所得として税金を払うよりも、税制面でも有利になります。

3年間の引き継ぎ期間があることで、B支店長は3年間かけて自分の事務所でC次期所長や従業員に自分のビジョンや思いを引き継ぐことができるので、安心して勇退することもできます。

会計事務所のM&Aのポイントは、いかにして先代の所長や買われた側の従業員に気持ちよく働いてもらえる環境をつくるか、そして、新しいクライアントに信頼してもらえるかです。

こうやって、同業の会計事務所のM&Aをして、ていねいに事業承継をしながら、少しずつ事業を拡大していくと、年商1億円も達成できます。

以上、士業のM&Aの代表例として会計事務所の事業承継について書きましたが、ほかの士業事務所の事業承継でも考え方は同じです。また、私の会社では就労継続支援A型事業所のM&Aをしたり、お寿司屋さんをM&Aをしたりと、他業態のM&Aもやっていますが、飲食店など小規模な会社のM&Aするときでも基本の考え方は同じです。

繰り返しになりますが、M&Aで最も大事なことは、M&Aをされた側の社長のビジョンや思いをいかに引き継ぐかです。そのためには、会計事務所のM&A事例で述べたように、M&Aをされた側の社長には3年ぐらいはトップとして残ってもらって、もとのやり方のままで業務を行い、3年かけてお客さんや社員を徐々に引き継いでいきます。ここがうまくできれば、小規模のM&Aはうまくいくと思っています。

5 M&Aを成功させるために大切な2つのポイント

ここからは、私が今まで実際にＭ＆Ａにやってきたときに大切にしていたポイントについて、事例もふまえて具体的にお伝えします。

私がＭ＆Ａをするときに私が大切にしているポイントは次の２つです。

①利益が出せるかどうかを見極めること

②従業員やお客様に「経営者が変わっても、なにも変わらない」という安心感を持ってもらうこと

ポイント①　利益が出せるかどうかを見極めること

Ｍ＆Ａをするときに大切な１つめのポイントは、どうやったら利益が出せるかです。その会社を買って、現状のどの数字をどう変えることでどれくらい利益が出せるのかを見極めます。

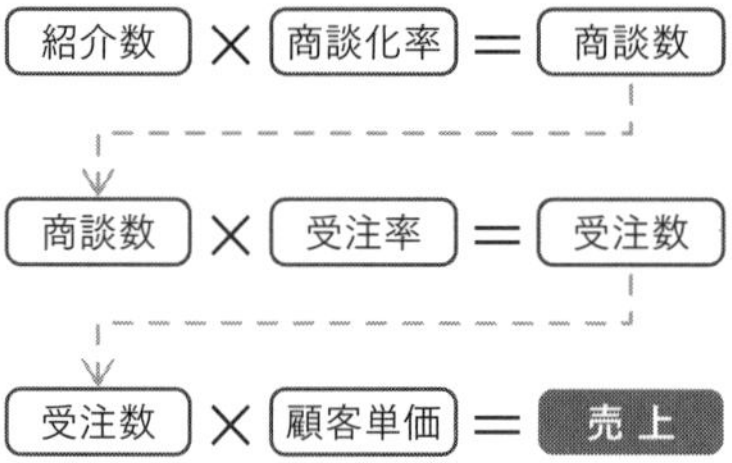

図表8-5　税理士のビジネスモデル

図8－5は税理士のビジネスモデルで、利益の構造を細かく分解した図です。

たとえば私の会社が税理士事務所のM&Aをする場合であれば、この図を見ながら利益が出せるかどうかを検討します。《売上》は《受注数×顧客単価》で決まります。《受注数》は《商談数×受注率》で決まります。《商談数》は、《紹介者からの紹介数×商談化率》で決まります。このように、上の計算式の逆をたどって数字を組み立てていきます。これらのKPI（Key Performance Indicator：重要業績評価指標）は、どれぐらいの数字が必要か、だいたい決まっています。客数が足りていない場合、受注率が低いとか、そもそもの商談数が少ないといった原因が考えられますので、どの数字を上げるかを考えます。

たとえば「受注率を上げる」か「商談数を増やす」のどちらにするかを考えてみます。

どの数字を改善できるかを考えるとき、まず自分自身の強みがなにかを考えます。

たとえば、私は受注率が高くて80パーセントだったとします。M&A候補となっている会社の今の受注率が40パーセントだとしたら、この数字が80パーセントに上がったらどうなるかのシミュレーションをしてみるのです。

自分の強み以外でも、既存事業との**シナジー効果**なども考えられます。たとえば会計事務所が社労士事務所を買った場合であれば、会計事務所の既存のお客様に対して社労士の業務を提案したり、逆にＭ＆Ａ先の社労士事務所の既存のお客様に税理士業務を提案したりすることができます。会計事務所も社労士事務所も見込み顧客が増えるので、商談数が増えます。

このように、Ｍ＆Ａをする場合には、その会社が今どのような状態であり、どこの数字をどう変えることができそうなのか？　それによってどれだけ利益が出せるのか？　について考えることが１つめのポイントになります。

ポイント②　今いる従業員やお客さんに、経営者が変わっても「今までとなにも変わらない」という安心感を持ってもらうこと

Ｍ＆Ａをするときに大切な２つめのポイントは、今その会社で働いている従業員や既存のお客様に、「新しいオーナーになっても今までと何も変わりません」という安心感を与

えることです。M&Aをされると知った従業員は、

「自分はこれからどうなるのだろうか？　このまま勤めていて大丈夫かな？」

と不安になります。だから、まず従業員に安心感を与えることが大事です。そうしないと従業員が不安になって辞めてしまいます。


また、社長が変わるとか、会社を売ったとか、会社の名前が変わったとお客様が知ったときに、お客様がやはり不安に思って離れることもあります。M&Aをしても「これまでとなにも変わらない」ということを、従業員だけでなく、お客様に対しても、しっかりと伝えて、安心してもらう必要があります。


そのために、私の会社ではM&Aをするときに、既存のお客様に対して、

「オーナーが変わっても、今までとなにも変わりません。サポート体制もしっかりするので、むしろ今までよりもよくなります」

という内容の手紙を送っています。M&Aをされることのメリットを、従業員やお客様にしっかりと伝えて安心してもらうのです。


ここからは、私が実際に行った会計事務所以外の2つのM&A事例をご紹介します。

事例① 就労継続支援A型事業所「株式会社元氣べんとう」

ご紹介する1例めは、就労継続支援A型事業所の株式会社元氣べんとうです。

株式会社元氣べんとうは70代前半の社長が経営していましたが、自分の仕事を引き継いでくれる人がおらず、売却をしたいというので、私のところに仲介業者から相談がありました。私は社長と実際にお会いしてお話をお聞きし、この会社に、私が大阪で経営している就労継続支援A型事業所、株式会社シーキューブでつくってきたビジネスモデルを導入することで利益を出せるだろうと判断し、M＆Aをすることを決めました。

これまで私がシーキューブでやってきたのは税務の記帳代行の仕事で、この就労支援A型事業所で今までやっていたのはお弁当屋さんでした。今働いてくれている従業員は、これまでずっとお弁当屋さんの仕事をやってきたのに、急に記帳代行の仕事に代わると言われたら当然とまどうでしょう。だから、今まで働いてきてくれた従業員には、これまでと同じようにお弁当をつくってもらっています。

1点だけ変わったのは、株式会社元氣べんとうで記帳代行の仕事を請け負うことで、会社全体の収益があがり、今までよりお給料が上がったことです。

M＆Aをしてから数か月間は、新しい社長は前の社長からお弁当屋さんの仕事を教えてもらったり、既存の従業員やお客様との関係をつくっていきました。その後、お弁当の部門とは別に新しい部署をつくり、そちらでも新しく従業員を雇って記帳代行の事業もはじめています。

事例② はじめてのM&Aとなった「鮨　竹下」

私がはじめてM&Aをしたのが、同業でもなんでもない、まったくの畑違いのお寿司屋さんでした。店主も、店構えも、メニューも、従業員の待遇も、なにもかも変えずに、前からいる人たちとの人間関係もうまく築きながら、M&Aをしてから3年めになりました。

なぜ、まったくの門外漢の私が、飲食店であるお寿司屋さんを買ったのか。

不思議に思う方もいるでしょう。私がこのお寿司屋さんを買うかどうかの判断をするうえで一番のポイントになったのは、このお店にはお客様の名刺はたくさんあるのに顧客リストになっていなかったことでした。

お寿司屋さんをはじめ、飲食店は基本的には「待ち」の商売、つまり、お客様がお店を見つけて来てくれるのを待っている商売形態です。このお寿司屋さんも、今までお客様から名刺をもらってはいても、まったく活用できていなかったのです。

5章でも書いたように、商売をするうえで最も大事なのは顧客リストです。

しかし、この店には顧客リストがなかったので、一度来てくれたお客様にリピートしてもらうための仕組みがまったくありませんでした。ここを改善することで売上が伸ばせると私は判断し、このお寿司屋さんを買ったのです。

私が最初にやったのは、今までお客様にいただいていた名刺をもとに顧客リストをつくることでした。顧客リストができたことで、見込み顧客の数が増えました。

見込み顧客の数が増えたら、来店頻度を増やすための工夫ができます。

まず、見込み顧客に定期的にダイレクトメールを送る仕組みをつくって、既存顧客の来店頻度が増えてきた段階で、食べログや一休といったサイトへの掲載をはじめました。

ただ、こういったグルメサイト経由で来てくださるお客様の場合は、紹介料やシステム手数料を払わないといけないので、正直なところ利益率は低いのです。しかし、グルメサイトから来てくださったお客様を自社の顧客リストに追加していけば、こちらからダイレクトメールを送ることができるので、何割かはリピート顧客になってくれます。

このお寿司屋さんでは、土用《どよう》の丑《うし》の日にうなぎのイベント、毎年10月に周年記念イベント、新春には特製おせち、といった季節のイベントを定期的にやっていて、そのたびにダイレクトメールを送っています。メールを送ることで、お客さんに「そうだ、あの店に行こうかな」と思い出してもらえるようにしているのです。

5章では、メルマガで商品のセールスをすると書きましたが、ダイレクトメールはメルマガの紙媒体と同じです。顧客リストをつくって、定期的にイベントをしてダイレクトメールを送る仕組みをつくることで、この店はお寿司屋さんとして売上が上がるようになったのです。

手前味噌になりますが、畑違いであることがマイナスではなく、むしろプラスになった例ではないでしょうか。

事業を大きくしたいと思っている会社にとっては、M&Aをうまく活用すると、時間をかけずにビジネスを一気に拡大できるチャンスになるので、積極的に活用してほしいと思います。

【著者紹介】

あべき光司（あべき・こうじ）

EMP税理士法人 代表 税理士　プロフェッショナルコーチ

1975年生まれ。大阪府高槻市出身。大阪外国語大学（現在の大阪大学外国語学部）卒業後、大手システム会社でデータベース設計、業務システム分析などを担当。その後ITベンチャー企業を経て税理士に転身。2016年税理士として独立。ITやコーチングのスキルを活用し、創業８年めの現在グループ全体で従業員100人、税理士業界トップクラス（上位0.5%）の総合事務所に成長させた。また、離職率が高い会計業界で７年連続で離職率０%を誇る。障がい者の就労支援施設や飲食業など多角的な経営展開とM＆Aを活用した支店設置などが業界内外で注目を浴び、４年前より「オーナー士業® 超実践講座」を開講。４年で100名以上が修了。関西大学をはじめ、商工会議所、日本青年会議所、複数の大手生命保険会社でセミナーを実施。2016年来毎日配信のメルマガは通算号数1700超。平均開封率17%程度のメルマガ業界にあって異例の開封率40%超をコンスタントにたたきだしている。コーチング業界最大団体である国際コーチ連盟認定のプロフェッショナルコーチ。コーチングセッションは通算1500時間超。趣味はマラソン。2021年にひと月かけて東京から芦屋まで582kmを完走。ルービックキューブ最速29.992秒。本書がはじめての単著となる。

株式会社オフィスEMPのサイト内、本書特設ページはこちら⇒
https://www.office-emp.com/1oku/index.php

オーナー士業®になって、
たちまち年商1億円を突破する方法

2023年　9月13日　　第1刷発行
2023年 11月22日　　第2刷発行

著　　者 ── あべき 光司
発 行 者 ── 徳留 慶太郎
発 行 所 ── 株式会社すばる舎
〒170-0013　東京都豊島区東池袋3-9-7 東池袋織本ビル
TEL　03-3981-8651（代表）　03-3981-0767（営業部直通）
FAX　03-3981-8638
URL　https://www.subarusya.jp/

装　　丁 ── 菊池 祐（株式会社ライラック）
本文デザイン ── VPデザイン室
企画協力 ── 松尾 昭仁（ネクストサービス株式会社）
編集担当 ── 菅沼 真弘（すばる舎）
DTP・校正 ── 稲葉 健（すばる舎）
印　　刷 ── 株式会社 光邦

ISBN978-4-7991-1161-1